有元家のおせち25品

目次

有元家のおせち25品

①黒豆
②ゆずのはちみつ漬け
③あんずの甘煮
④田作り
⑤栗きんとん
⑥お煮しめ
⑦きゅうりの中華風漬け
⑧紅白なます
⑨りんご羹
⑩のし鶏
⑪昆布巻き
⑫だて巻き
⑬数の子
⑭海老のうま煮
⑮牛肉のしょうゆ煮
⑯たたきごぼう
⑰八幡巻き
⑱サーモンの大根巻き
⑲お多福の抹茶揚げ
⑳岩石卵
㉑如意巻き
㉒しめさば
㉓ひらめの昆布じめ
㉔竜眼巻き
㉕れんこんの炒め煮

止 開
ロック
使用中、使用直後は熱くなります。さわらないでください。

お雑煮

わが家のお雑煮は、
おだしの風味で
あっさりいただく関東風。
野菜好きのためめに
小松菜はお椀の底にもたっぷり。
お餅も器にくっつかないし、
一石二鳥です。

おいしさをいちばんに考えたおせちを

20代で嫁いで自分の家族をもってからこれまでの歳月のなかで、私がお正月におせちを作らなかったことが、ただの一度だけあります。むろん3人の娘たちがそれぞれに巣立ってからのこと、イタリアで休暇を過ごして日本を留守にしていたのですが、そのときの家族からの抗議のすさまじさといったら、誰よりも私自身がいちばん驚いてしまいました。そして同時に、とてもうれしく思ったのです。私の作るおせちを、家族がそれほど楽しみにしてくれていたことを。以来、世界じゅうのどこにいても年の暮れには日本に戻り、家族のためにおせちをこしらえようと心に決めました。

世にいうおせちばなれは有元家ではどこ吹く風。すべて手作りなので家族の好きな味にできますし、手の仕事ゆえ、変わっていくから飽きることがありません。理由はそれにつきるとは思いますが、すでに嫁いだ長女次女も私の作るおせちのおすそわけを心待ちにし、海外に暮らす末娘も年末年始には必ず戻って、ここ数年は、準備を手伝うのが楽しくてしかたがないようす。ふだんの食事より殊更ていねいに手をかけるおせちの仕事は、工作にも似た遊びの要素が多くありますから、じっと見ていたかと思えば「私にやらせて」と隣から仕事を奪われたり、「こうしたほうがいいんじゃない?」と頼もしい助言までされて、ひとり苦笑している始末なのです。

彼女の場合は、長い外国暮らしを通して、日本の伝統食の代表ともいえるおせちに、郷愁に近い興味が向いてきたのでしょうか。家庭をもった娘たちは、その味をまた、自分の新しい家族に食べさせたいと思いはじめたのかもしれません。「知りたい」という、からだの内からわき出る好奇心が源になければなにごとも身につきませんから、私は娘たちに台所仕事の手伝いを強制したことはありませんでした。それは、あわただしい師走のおせちの準備についても同じこと。

そんな娘たちが成長してそれぞれの家庭をもち、それぞれの暮らしのかたちのなかで、ごく自然に母親のおせちにあらためて目を向けてくれたことを、いまは淡くうれしく感じています。

①黒豆

うちでは黒豆にはスプーンを添えて出すのが決まり。
甘すぎないので、煮汁と一緒にいくらでも食べられます。

②ゆずのはちみつ漬け

しっとりとマリネされた旬のゆずは、おせちの箸休めにぴったり。

③あんずの甘煮

白玉とあえたり
チーズに合わせたりして、
食後の愉しみにしています。

おせちは、家族で囲んで新しい一年のはじまりを祝い、健康で、よりよい日々をとそろって願う、いってみればハレの家庭料理だと思います。本来ならば母から娘へ、手から手へと伝えられ継承されていくものなのでしょう。

ただし、たとえその折を逸したとしても、きちんと母親がこしらえて食べさせていれば、子供たちの舌には確実に伝えていくことができるものだと思うのです。作るのが面倒と出来合いのものだけですますのならば、おせちばなれ、いいではないですか。あらたまった新年の家族の席に、誰が作ったかわからない料理が並ぶことほどの寂しさはありません。


おせちはおいしくない、そんな声が常識のようになったのはいつのころからなのでしょうか。それはひとえに、日持ちにこだわった必要以上に濃い味つけや、昔のしきたりにしばられた退屈な献立が原因だと私は考えています。三が日おせちだけを食べていた時代ならいざ知らず、どの家にも冷蔵庫が完備されているいまの時代のおせちに、そこまでの日持ちを求める必要はありません。ならば、いちばんに考えたいのはおいしさです。昔のやりかたにこだわらず、しゃちほこばらず、ふだんでも食べたくなるような、家族みんなが好きな味であることが、なにより大切だと思います。

有元家の定番は25品

わが家のおせちは、だて巻きや数の子などのおなじみのものに、中国の吉事の席のお料理、味や食感や色のバランスをはかって加えたオリジナルな料理など、いつのまにか定番となった25品が基本で、家族や親類やお世話になった方々に配る15～16人分を近所に暮らす姪と分担して作るようになって、もう何年にもなります。

私の実家のお正月は、いわゆるお重の美しいおせちというよりは、煮ものや漬けものが山盛りになった大鉢がどんどんと並ぶような壮観な感じでしたから、いま作っているおせちは、嫁いだのちに兄嫁からおそわったものの

④田作り

甘く煮るのが
定番ですが、
わが家のは昔から
ピリ辛ごま風味。

がベースになっています。兄嫁は料理が素晴らしく上手な人でした。そのおせちをいただいて、おいしさ美しさに感じ入り、何年も何年も、暮れになると通っては手伝いをしながら作り方をならったのです。

そのベースを自分なりにアレンジしながら、ときには本やテレビで見聞きした料理や友人宅でいただいて「いいな」と思ったものを足してみたり、勉強のためにと京都の高級料亭「辻留」さんのおせちを取り寄せ、自分がこしらえたものに添えて出していた時期もありました。当然お値段が張るものでしたが、あくまで勉強なのですから2人分ぐらいでじゅうぶん、それでも、ちゃんとしたところのちゃんとしたものを食べてみることが大事なのです。「辻留」さんのおせちは、味といい仕上げといい見事なもので、その杉の小さな六角形の木箱の中身から、言葉に尽くせないほど多くのことを学ばせていただいたと、いまはとても感謝しています。

そんな試行錯誤の私のおせちの歴史を、3人の娘たちはつぶさに見て、味わって、知っているのです。

品数については昔はもっとたくさん、30品も40品もこしらえていた時期もありました。それがふるいにかけられ淘汰され、家族みんなが「好き」というこの25品が、なんとなく残っていったのです。このうちのひとつでも欠けると、肩入れする誰かから「あれは?」という声がすぐさま出ますから、うっかり省略することもできません。今年は、このなかの紅白なますと昆布巻きに長女がはじめて挑戦しました。「作ってみたい」と言いだしたのは彼女。「じゃあ、お願い」と、できそうな料理をえらんでまかせてみたのです。

大晦日、届いた昆布巻きにはさばが入っていました。わが家では、にしんかごぼう、最近では断面の色の美しさからたらこを巻くことが多く、さばを巻くのは彼女の嫁ぎ先のお母さまの味なのです。それはハッとさせるおいしさで、こんなふうに家族のすそ野が広がり、よその家の味がなにげなく入ってくるのも悪くないものだなと思いました。私自身、この25品をぜったいと決めつける気はさらさらありません。もっとおいしいものがあれば、いつだって乗り換えの準備は万端。

守ることも大事ですが、よく変わっていくことは、もっと楽しいことだと思いますから。

⑤栗きんとん

さつまいもを漉すときに、ハンディミキサーを使います。
多少粒々が残るけれど、素朴な味わいで私は好きです。

そうして詰め終えたお重を家族親類に配り、三が日が過ぎたころには、今年のおせちはこうだった、ああだったと、各所から寸評が届きはじめます。

どれもおなじみの料理ですから、味や仕上げの微妙な差について、私たちは尽きることなく語り合えます。一緒にいなくても違う場所で同じものを食べているのですから、いってみれば、手作りのおせちが家族をつないでくれているともいえるのでしょう。

「おせちはもういい」。家族にそういわれていたら、私はとっくの昔に喜んでおせち作りを放棄し、ひとりのんびりと冬の休暇を楽しむことをえらんでいたと思います。一応はあったほうがいいとか、そんな理由だけで手間ひまをかける気にはなりません。不平不満や批判もふくめ、「うちのおせちが食べたい」という家族の声に支えられて作ってきたし、そういってもらえるかぎりは腕まくりをして、作りつづけていきたいと思っています。

長女の初挑戦、紅白なますのほうは、にんじんの量が多すぎて失敗。指摘をしたら少しむくれていましたが、失敗は必ず成功につながるステップですから、懲りずにまた挑戦してほしいものです。

おせちには和食の基本のすべてがある

煮る、焼く、蒸す、炒める、揚げる、魚をしめる、おだしをとる……おせち料理には、和食の基本のすべてが詰まっています。

「煮る」だけをとっても、たとえば黒豆ではことことと煮る、八幡巻きでは汁が少なくなるまで煮つける、海老のうま煮では素材を活かしてさっと煮る、などのバリエーションがありますし、仕上げの味もさまざまで、おだしのおいしさを活かすうす味、しょうゆとみりんでしっかりつける甘辛味、唐辛子をきかせたピリ辛味、酢のものに甘いものなど、和食の味つけのほとんどを巧みに網羅していることに気づきます。つまりは、おせちをマスターするということは、イコール、和食の基本をマスタ

⑥お煮しめ

深くだしの風味をふくませておけば、
冷たくなっても素晴らしくおいしい。

⑦きゅうりの中華風漬け

ほかの料理の
煮たり炊いたりのあいだに、
ボウルのなかで
ささっとあえるだけ。

⑧紅白なます

これ以上細くは切れない、というところまで
がんばって千切りにすると、
いっそうおいしく仕上がります。

ーするということにほかなりません。

調理法や味の加減に加えて、素材の扱い、保存のしかた、道具の使いかた、おだしをとったあとのかつおぶしのような二次的副産物の利用法などなど。おせち作りは和食習得のためのとてもいい訓練、おせちがひととおり作れるようになれば、ほとんどの和食が難なく作れるようになっているはずなのです。そして、その逆もしかり。じつは、おせちは毎日のおかずの便利帳といえるほど、ちょっと手を加えたり盛りつけを変えたり、そのままでもふだんから食べられる料理がたくさんあるのです。

たとえば、たっぷりのごま酢であえたたたきごぼうやあんずの甘煮などはわが家の常備品ですし、だて巻きやのし鶏などは、切りかたを変えるだけでお弁当にぴったりのおかずに変身します。黒豆を煮ておき、豆だけを紫たまねぎとサラダに仕立てて、甘い煮汁のほうはデザートスープに、なんてこともしょっちゅう。きんとんや岩石卵のような「お正月だけの特別」も、もちろん捨てがたい愉しみなのですが、とりあえずは、お正月だけのものという先入観の眼鏡をはずし、この25品を眺めてみてください。そして、食べてみたいなと思うものがあれば、さっそく今夜にでもこしらえてみてほしいのです。好きなものは、いつ食べたっていい。そう思いませんか？

こんなふうにして、日常と特別をフィードバックさせ合うのはとても楽しいこと。そして「おせちなんて、ふだんやっていることをお重に詰めればいいのね」、暮れにはこのくらいの気楽さで台所に立つことができるようになれば、こっちのものです。

作りつづければ、手が考えはじめる

いつもより、かつおぶしを浸しておく時間をほんの少し長くした今年のおだし。それをいち早く味見した末娘が、開口一番にいった言葉が「バージョンアップしたね」。おだしとパソコン用語というギャップに一瞬とまどい、

⑨りんご羹

爽やかな甘さと、ぷるっとしたやわらかな食感で、
口直しにもデザート代わりにもなります。

⑩のし鶏

いわば、和風ハンバーグを
おめでたい末広形に切り分けただけ。

⑪昆布巻き

中身は年ごとに変えていて、ごぼうや身欠きにしん、ここ数年は切り口が美しいたらこを巻くのがお気に入り。

そののち彼女らしい物言いについ笑ってしまったのですが、バージョンアップ、なるほどねと妙に納得してしまいました。いかにむだなくスムーズにおいしく作るかをつねに模索し、昔ふうの手仕事にこだわることなく、フードプロセッサーやオーブンのような外国の便利な道具をフル活用して作る私のおせちに、なんだかそれは、とてもふさわしい言葉のように思えたのです。

料理には、作りつづけていくうちに手が考えだすというようなところがあります。たとえば、手順は単純でも美しく作るために25品中でもっとも慎重さを要する岩石卵。最初のころは、切ってみたら白身と黄身のバランスが悪くてちっとも美しくなかったり、ぽこんと穴が開いていたり、白身が黒ずんでしまっていたりの失敗つづき。分量のバランスをあれこれ試し、空気抜きを工夫し、蒸す時間も分刻みで試して、ようやくいまのやりかたに落ち着きました。なにごとも加減が大切なのは、料理にかぎったことではありません。そして、加減というのは、反復した体験からしか身につかないものなのです。

料理についていえば、とにかく自分の手を動かしてやりつづけることで、動かしているうちに手の内からぽっと、いいアイデアが生まれてくるものです。本と向き合うだけでは、こればかりは無理なのです。

というわけで、私のおせちのレシピはつねに進化中、25品を前の年とまったく同じように作ったことは一度としてありません。何十年同じことをつづけていても、毎年何かしらの発見があるからです。それが楽しく、来年につながるはげみにもなるのです。実際、準備にかかる時間は年々短くなっていて、ここ数年は2日で完了。「あら、もう？」と自分で自分に驚いているのです。

おおよそ内容が決まったおせちは、一年に一度、自分の料理の腕の定点観測のようなもの。どうせやるなら、毎年バージョンアップしていかなければ面白くないと思いませんか？

告白すると、おいしさを追求するがために、私のおせちはどんどん贅沢になっているともいえます。

数の子やお煮しめには、おだしを深くふくめるために、ガーゼに大きくひとつかみのかつおぶしを包んだ追いがつおをプラス。最初は水だけで煮ていた昆布巻きも、おいしい日本酒をけちらずに足して煮るようになりました

⑫だて巻き

巻かずに小さめの四角に切り分ければ、ふだんのおかずやお弁当にも応用できます。

⑬数の子

だし汁につけるだけでなく、
ガーゼに包んだかつおぶしをのせて
うま味を贅沢にふくめます。

⑭海老のうま煮

活きた海老をさっと煮るだけ。
25品のなかでいちばん簡単。

し、たたきごぼうのごま酢や茶の色が気にならない煮ものには、上等な和三盆をふんぱつすることもあります。贅沢といっても、たかだかそれくらいのものなのです。ダイヤモンド1個買うことにくらべればささやかすぎる贅沢で、それで家族の満面の笑顔が見られるのであれば、いいことにしようと思っています。

時間を上手に使って作る

かつてはまるまる3日かかっていたおせちの準備ですが、ここ数年は、12月の29日と30日の2日間でほぼ仕上げられるようになりました。

まず、いちばん最初にするのは、おだしを大量にとること。かつおぶしを贅沢に使って濃厚なおだしをとり、少々の塩を足して冷蔵庫に入れておきます。お煮しめやお雑煮などに使いますが、おせちだけではどうしても緑の野菜が不足しますから、たっぷりの青菜をさっと煮びたして添えたり、お客さまに出すお吸いものにも使えますので、とにかく多めにとっておくのがいいでしょう。

以前は師走の足音を聞くとともに、築地の市場に食材の買い出しに出かけたものですが、このごろはクリスマスをイタリアの家で過ごしますから戻るのはぎりぎり。ですから、出発前には必要な食材を各所に注文しておき、29日の朝に届くようにお願いしておきます。

たとえば、だて巻きに使う甘鯛は生でなくてはいけないし、うま煮にする海老は活きていなければいけませんが、あわてて探しても手に入れるのは至難のわざ。ただでさえ、お正月間際になるといい魚はなく、値段もつりあがるのが相場です。しめさばにするさばは、12月に入っていいものを見つけたときに買い、しめて冷凍しておくほうがずっと賢策ですし、黒豆、きんとん、のし鶏などの冷凍保存が可能なものは、12月上～中旬の余裕があるうちに作っておくと安心です。田作りのごまめの内臓の処理だって、家事の合間に5匹ずつでもやっておけばいいのです。用事が積もった年末にいっぺんにやろうと

⑮牛肉のしょうゆ煮

おせちがつづくと、ときに、こってりとした味のボリュームのある料理が食べたくなるものです。

すると誰でもパニックになりますから、自分を楽にするための支度は万全にしておいたほうがいいですね。

おせちには、火に長くかけておく必要はあるけれど放っておけるもの、こしらえて汁のなかで保存しつつ味をふくめるもの、火を通さずにボウルのなかでできてしまうものなど、いろいろなスタイルの料理がまざっています。ですから、自分なりに献立を決めたら、まずはそれぞれの料理の特徴をしっかり把握すること。それをうまく組み合わせていけば、複数の料理を並行してスムーズに作っていくことができるはずなのです。

なかには、しっかり味をふくめるために何時間も火にかけたいもの（牛肉のしょうゆ煮、昆布巻きなど）もありますが、そういうものはある程度まで通したら一度火からおろし、あとはコンロがあいたときを見計らって、何度か火を入れるようにすればいいのです。「何時間もかかる」という発想ではなく、「少しずつ何度か」というように考えれば、ずいぶんと気も楽になるのではないでしょうか。

順番としては、まずは冷凍しても味が変わらない料理（しめさば、黒豆など）や時間があって味がしみこむほどにおいしくなる料理（紅白なます、数の子など）を早めに。日持ちがする加熱料理（八幡巻き、たたきごぼうなど）をその次にこしらえ、加熱しないものや日持ちのしないもの、できれば鍋のまま保存したいもの（お煮しめなど）は終盤のほうに作ります。巻きものなど手のかかる仕事は、集中してやってしまったほうが効率がいいかもしれません（P50のカレンダー参照）。

仕事は、たったたっと、段どりよく進んだほうが気持ちいいに決まっています。そのためには、いきなりはじめるのではなく、事前に全体をおさらいしてよく考えること。下ごしらえはまとめてやっておき、道具もすぐ使えるようにそろえておくこと。流れるように仕事が進み、冷蔵庫にぴしっと保存容器が積み重なっていくと、カタルシスのような達成感も得られます。

やっているうちにいきおいがついて止まらなくなり、「余った野菜も煮ておこうかしら」「豚肉があったから紹興酒漬けの焼豚も作りましょう」と、25品にプラス5〜6品は、ここのところいつものことになっています。

⑯たたきごぼう

25品中もっとも家族のつまみぐい頻度が高いのがこれ。ごまたっぷりが肝心です。

⑰八幡巻き

仕上げに切り落とす両端は、
その場でポイと誰かの口に入るのがお決まりです。

⑱サーモンの大根巻き

寿ぎの気分を高める一品。
サーモンを大根で巻くだけで、しゃきっといただけます。

はじっこの愉しみ

保存しておいた料理を切り分け、お重に詰めるのは、大晦日の夜もしくは元旦の朝の仕事です。娘たちが小さかったころは、このときとばかりに台所に集まってきて、支度をする私の横にひな鳥のようにまとわりついて離れませんでした。大人になったいまでも、大晦日に戻ってきていれば、状況はほとんど変わりません。おめあては、おせちを切り分けるときに出る「はじっこ」です。

見た目の美しさも大事な要素であるおせちは、お重に詰めるまえに、それぞれをきれいなすがたに整えて調理終了となります。昆布巻きなら食べやすい長さに切り、かんぴょうのりぼんも少し誇らしげな感じに切りそろえてあげたいし、竜眼巻きや如意巻きなど、巻きもの料理の成否がわかるのもこのときですからどきどきです。

ふだんの食卓にならためらわず出すであろう、それらの切れ端ですが、お正月のお重に詰めるとなるとちょっといただけません。そこで残念ながら舞台落ちした「はじっこ」が、私を取り巻く娘たちの口に次々と入っていくというわけなのです。

こういうつまみぐいは、なぜだかとてもおいしく感じるもの。型を抜いて残るりんご羹などは、もうりっぱなおやつですし、見場のよくない岩石卵や竜眼巻きも、この時点で誰かのお腹にしっかりとおさまってしまうのでした。3人分に足りなかったり、私も食べたくなると、わざと切り損じてみたりもして、それは笑い声のたえない、有元家の大晦日の風物詩ともいえる懐かしい光景です。

さらに、はじっこ以外にも、おせちにはうれしいおまけがいっぱいあります。

大量に出る野菜の皮や、おだしをとったあとの昆布やかつおぶし。わずらわしいからとぱっぱ捨ててしまえば、片づきはいいかもしれませんが、頭を使えばそこからまたおいしいものが生まれるのですから、おろそかにしたくはありません。たとえば、きんとんにするさつまいもの皮は、あくが強いために厚めにむきますので、それを細切りにしてかりかりに揚げます。それにシナモンとお砂糖をまぶしたおやつは子供たちの大好物でした。

にんじん、大根、ごぼうなど大量に出る野菜の皮や切

⑲お多福豆の抹茶揚げ

作らないと、家族の誰かに「あれは？」と問い正されるのが常なのです。

⑳岩石卵

断面の美しさが真髄ですから、
切るまで成否がわからない。
そういう意味ではいちばん難しい料理かもしれません。

㉑如意巻き

昔からお祝いごとがあるたびに作ってきた料理。
中国風ハムといえば近いでしょうか。

れ端は細切りにして保存し、あとできんぴらにしたり、スープにしたり。よく晴れた日のベランダで干し野菜にしておけば、味も濃くなり日持ちもします。

材料だけでなく、おせちそのものからもいろいろな副産物が生まれます。黒豆やきんとんからは夢のようにおいしいデザートが生まれ、余りやすい口取りのかまぼこだって、食べやすく変身させれば、あっというまにみんなのお腹のなかに片づいていきます（P116を参照）。同じすがたで今日も明日も出したのでは、箸が遠のいてしまうのは当然のこと。切りかたを変えたり、少し手を加えて目先を変えるだけで同じものが新鮮に食べられますし、どうやったら食べてもらえるかしらと工夫をこらすのは私にとっては楽しい遊びです。

もちろん、地球環境を考えても、ゴミ箱に捨てるものをなるべくへらすように頭を使える人間であることが、とても大切だと思います。

道具はやっぱり大事

繊細さが身上の日本料理。その集大成ともいえるおせちには、細かい手作業を要するものが、たしかに多くあります。めったにやらない巻き仕事に煮くずれを防ぐための野菜の面取り、なますのように全神経を集中して細く切ることが味につながるものもあれば、とにかく、ぞんざいにやっていてはお話にならないものがあるのです。

もともと細かい仕事が苦手な私にとっては、それは「面倒」と「楽しい」の、それこそ瀬戸際。でも、一年にたった一度のこと。「おせちについては、徹底的に手間をかけることを楽しもう」と腹を据えてしまったら、いつしか台所で遊んでいるような気分になってきました。

手の細かい仕事を美しくスムーズにこなしていくために大事になるのは、やはり道具です。美しい切り口のためには、しっかりと研いだよく切れる包丁が欠かせないわけですし、複雑な仕事を流れるように進めていくためにはボウルやバットのような容器の数も必要、盲点にな

㉒しめさば

少しでも添えると
おせちの流れにリズムが出る、
そんな役目を
果たしてくれる一品です。

㉓ひらめの昆布じめ

明日あさってがおいしいので、
大みそかの夜にこしらえ
三が日のうちに
食べ切ります。

㉔竜眼巻き

中華料理の前菜のひとつですが、
祝宴の席のものだと聞いて
わが家のおせちに加えました。

りがちなのですが、まな板だって1枚ではけして追いつきません。こういう道具が足りないと、使うたびに洗わなければいけなくて、むだなストレスがたまってしまうのです。料理以前に、道具を万全に調えること。それも、気持ちよく料理をするための秘けつのひとつなのです。

並行して煮ものもするので鍋の数も必要ですが、私はおせちには、洋鍋でなく、やはり日本の鍋を使いたいと思っています。機能は同じでも気分の問題。洋鍋でお煮しめをこしらえるのは、どうにもしっくりきません。私が煮ものをするお鍋は、京都の老舗道具店「有次」のもの。銅鍋を数個もっていますが、しずかな火にかかるそのすがたを見るだけで気持ちがしゃんとし、お正月の気分がふつふつ高まってくるような気すらします。

もちろん、料理のすべてが懐石のように繊細すぎては疲れてしまうし、やはりおせちは家のものですので、ある程度のおおらかさは必要でしょう。そこで私は、お煮しめの野菜をあえておおぶりにしてみたり、ふだんのおかず的なあえものや漬けものを献立に意識的にまぜてみたり。いつのころからか定番になった有元家の25品なのですが、こうして見ると、やはり自分が子供のころから食べてきた実家の母のお正月料理もしっかり受け継いでいるのだなあと、あらためて感じ入るものがあります。

華やかで凛とした気分を漂わせながらも、どこかに手を感じるリラックス感のある祝い膳、家のおせちはそれが理想なのではないでしょうか。

明けてお正月の三が日は、できるだけしずかに過ごしたいと思っています。ここ数年は末娘とふたりきりで、お客さまもほとんどありません。元旦はゆっくりと起きだしてお雑煮をこしらえ、お重と鉢ものを少しずつテーブルに並べていきます。お重には、その日に食べきるふたり分だけ。大鉢には、汁たっぷりのお煮しめに黒豆、きんとん、紅白なます、あんずの甘煮。甘すぎるお屠蘇は苦手なので、そこに辛口のおいしい日本酒を添えます。

向かいあって新年の挨拶をして、のんびりと食べはじめるのがお昼すぎぐらいでしょうか。あとは、火鉢でおもちを焼いたり、本を読んだり、テレビを見たり。日本のお正月の時間には、独特のしずけさがあると思います。それをこころゆくまで楽しむのです。

㉕れんこんの炒め煮

しゃきしゃきした食感が、やわらかなものの多いおせちの合間のいい箸休めになります。

おせち作りスケジュール

ここのところは、25品を2日で作りきってしまう私ですが、手に慣れないその昔は、12月の初旬から少しずつ準備をはじめ、年末の3日間を山場にして、おせち作りをするのが恒例でした。
お魚を注文したり、活ける花を選んだり。小さな準備を重ねていくうちに気持ちが華やかに高揚していく、その感じがとても好きです。

12月に入ったら

◉冷凍しても味の変わらない料理を作り、冷凍庫に保存する。

◉しめさばは、よいさばを見つけたときに求め、しめて冷凍する。

◉取り寄せしたい素材を発注する。

◉あいた時間に、田作りのごまめの内臓をとる。

20日を過ぎてから

◉ゆずのはちみつ漬けとあんずの甘煮を作り、冷蔵庫に保存する。

黒豆、栗きんとんなど。あわただしくなる前に作ってしまいましょう。ただし1か月以上の冷凍は味が落ちるので、12月の上旬〜中旬にかけて。

師走が近づくにつれて素材の価格も上がります。魚屋さんの店頭をこまめにチェックして、中旬までにはこしらえておきたいもの。

お多福豆やだて巻き用の甘鯛、うま煮にする活きた海老など。早めに注文しておけば安心です。

テレビを見ながらや夕食の鍋を火にかけながら、ちょこちょこやっておけばずいぶん楽になります。

味がしみこむほどにおいしくなる料理は、保存の時間も調理時間のうち。品数を多く作るので年末になるべく余裕を残しておきたい、という場合は、田作り、紅白なます、数の子も、このあたりに作っておいて大丈夫。ただし、なますだけは作りたてもおいしいので、好みによってころ合いを測ってください。

●素材や調味料を確認し、鮮度を考慮しつつ29日までに買い出しをすませる。

●お正月用の花や飾り、盛りつけに使う葉ものを用意する。

●お重を取り出して、洗い清めておく。

●できれば大掃除も28日までに。

とっておきのおいしい日本酒も忘れません。

じつは私には、大掃除という習慣はありません。日々のなかで気づいたときにこまめに汚れを落としておけば、年末の心をふさぐ大きな憂鬱がなくなります。

29日

●だしをたっぷりととる。

●保存するうちに味がしみるものや、時間をおいても味の変わらない料理を作る。

●部屋に花を飾る。

おせちの味を決める大切な調味料です。だしがおいしくとれれば、半分は成功したも同然。

りんご羹、たたきごぼう、八幡巻き、竜眼巻きなど。食べるまで3日おくので、加熱料理を中心に。

30日

- 手のかかる料理を一挙に片づける。
- じっくり煮ふくめたい料理を作る。

31日

- 加熱しない料理や加熱時間の短い料理を中心に、日持ちのしない料理を作る。
- お煮しめを作る。
- 余裕があれば、お雑煮の下ごしらえをする。
- 年を越すまえに、おせちをお重に詰める。

のし鶏、だて巻き、岩石卵、如意巻きなど。のし鶏はもっと早めに作って冷凍しておくこともできます。

昆布巻き、牛肉のしょうゆ煮。30日にある程度煮込み、31日もコンロがあいたときに何度か火にかけて、じっくりと煮ふくめます。

きゅうりの中華風漬け、海老のうま煮、サーモンの大根巻き、お多福豆の抹茶揚げ、ひらめの昆布じめ、れんこんの炒め煮など。

私のお煮しめはうす味なので、日持ちがしません。最終段階にこしらえ、できれば鍋ごとおいて、ときどき煮返して味をふくませます。もしくは汁ごと冷蔵庫に保存。

にんじんと大根を型で抜いてゆで、小松菜もゆでてから食べやすく切っておきます。

冷凍してある料理は、時間を逆算して冷蔵庫で解凍しておきます。ただし、くたくたにくたびれているときは、お重詰めは元旦の朝に繰り越し。お正月はほかにやることもありませんから、あわてることもありません。

おせちカレンダー

日持ちのしないものを早くこしらえてしまったり、冷凍可能な手間のかかる料理を大みそかに作ってしまったり。そんな失敗のないように、おせち作りの時間割を一目でわかる表にまとめてみました。

作る日	おせちメニュー	保存方法	頁
早めでもいいもの	黒豆	砂糖が少なく傷みやすいので、大きめの密閉容器に汁ごと入れて冷凍する。	80
	栗きんとん	密閉容器に入れ、冷凍庫へ。	84
	しめさば	密閉容器に入れて、冷凍または冷蔵庫へ。	110
20日を過ぎてから	ゆずのはちみつ漬け	密閉容器かガラス瓶に汁ごと入れ、冷蔵庫へ。	82
	あんずの甘煮	密閉容器かガラス瓶にシロップごと入れ、冷蔵庫へ。	82
	田作り	密閉容器に入れ、冷蔵庫へ。	83
	紅白なます	漬け汁ごと密閉容器に入れ、冷蔵庫へ。	89
	数の子	追いがつおをして密閉容器に入れたまま、冷蔵庫へ。	98
29日	だし		79
	りんご羹	流しいれた密封容器のまま冷蔵庫へ。	90
	たたきごぼう	密閉容器にラップを敷いてごま酢ごとのせ、冷蔵庫へ。	101
	八幡巻き	漬け汁ごと密閉容器に入れ、冷蔵庫へ。	102
	竜眼巻き	完全に冷めてから漬け汁ごと密閉容器に入れ、冷蔵庫へ。	112
	のし鶏	四角い形のまま漬け汁ごと密閉容器に入れ、冷蔵庫へ。	92
30日	だて巻き	鬼すだれをはずし、ラップに包んで冷蔵庫へ。	96
	岩石卵	蒸した後、巻きすとガーゼをはずしてラップに包み、密閉容器に入れて冷蔵庫へ。	106
	如意巻き	蒸した後、さらしをはずしてラップに包み、密閉容器に入れて冷蔵庫へ。	108
30日と31日	昆布巻き	漬け汁ごと密閉容器に入れ、冷蔵庫へ。	94
	牛肉のしょうゆ煮	汁ごと密閉容器に入れ、冷蔵庫へ。	100
31日	お煮しめ	材料別に汁ごと密閉容器に入れ、冷蔵庫へ。鍋ごと冷蔵し、そのまま温め直しても。	86
	きゅうりの中華風漬け	漬け汁ごと密閉容器に入れ、冷蔵庫へ。	88
	海老のうま煮	汁ごと密閉容器に入れ、冷蔵庫へ。	99
	サーモンの大根巻き	1本ずつラップに包んで密閉容器に入れ、冷蔵庫へ。	104
	お多福豆の抹茶揚げ	密閉容器にキッチンペーパーを敷いて並べ、冷蔵庫へ。	105
	ひらめの昆布じめ	ラップのまま密閉容器に入れ、冷蔵庫へ。賞味期限は3日以内。	111
	れんこんの炒め煮	汁ごと密閉容器に入れ、冷蔵庫へ。	114
1日	お雑煮		115

正しい保存の方法

お汁ごと密封容器にいれたり、砂糖の少ないものは傷みやすいので冷凍にしたり、追いがつおをしたまま冷蔵したり。保存の方法にはそれぞれ理由があります。正しい保存も「おいしい」の必須条件です。

黒豆

ゆずのはちみつ漬け

あんずの甘煮

田作り

栗きんとん

お煮しめ

きゅうりの中華風漬け

紅白なます

りんご羹

のし鶏

昆布巻き

だて巻き

数の子

海老のうま煮

牛肉のしょうゆ煮

たたきごぼう

八幡巻き

サーモンの大根巻き

お多福豆の抹茶揚げ

岩石卵
如意巻き

しめさば

ひらめの昆布じめ

竜眼巻き

れんこんの炒め煮

おせちの盛りつけ

うちのお重箱は私が父の田舎の家からもらってきたもので、ゆうに百年はたった年季もの。黒地に金の松竹梅の古くさい柄ですが、いまふうの格好のいいものより私は好きで使っています。同じかたちが層になったお重箱はデザインとしても上質で、その形式美には気持ちをあらためさせる存在感があります。ただ、私は、それを仰々しく使うのがあまり好きではありません。三が日を同じお重で通そうと思うから、盛りつけが一大事になってしまうのです。重箱は少し深さのある大皿。そう考えてみると、構えがすっとなくなります。

わが家ではお重には元旦に食べる分だけを盛りつけ、いただいたら洗ってしまって、2日め3日めは目先の変わる、違うセッティングを考えます。

盛りつけに法則はありません。上達の秘けつは、なにしろ日々やることです。毎日の食卓から「見た目の美しさ」に心を配る研究心をもち、それを1年つづければ、ずいぶんと大きな差が出てきます。心ひとつ、くふうひとつで、同じ料理がよりおいしく味わえるようになるのです。

元旦は重箱で

わが家のお正月にお重が登場するのは、元旦の1日だけ。いまは末娘とふたりのことがほとんどですから、ふたりで食べきれる分を余裕をもたせて詰め、いただいたら、お皿のように洗って片づけてしまいます。食べ散らかしたように少量ずつが残り、あいたところに新しい料理を詰めていくのではいただく気があまりしませんし、同じ顔をしたお重が毎日食卓に出てきたら、うんざりされてもしかたがありません。

そのように大皿感覚で使うには、お重は浅いもののほうが扱いやすく、盛りつけもしやすいように思います。深いとどうしても量が入ってしまうので、料理の種類がないと格好がつきにくくなってしまうのです。

重ねることを前提としなければ、お重からはみだすほどに料理が盛られていたり、彩りの葉らんや松葉などが飛び出していても平気ですし、逆にそのほうが立体感があって、生き生きとおいしそうに見えるはずです。

わが家流のもうひとつの特徴は、たっぷり食べてもらいたい料理は、大鉢などの器に盛ってお重とは別に出すこと。煮汁もおいしい黒豆には必ずスプーンを添え、なます、きんとん、甘い箸休めも、大小の器に盛り分けます。汁たっぷりのお煮しめや牛肉のしょうゆ煮は、人数分プラスアルファをおおぶりの器にこんもりと。これだけたっぷり出てくれば遠慮もなく、ぞんぶんに食べていただけると思うのです。

お重の盛りつけ方

①まず、斜め上からに視点を定め、重箱の真ん中に1品、存在感のある料理をおく。これをよりどころにして、他の料理をおいていく。

②①の料理を中心に、外に向かって違う料理を詰めていく。同じ色が並ばないように気をつけて。小さいものや平らなものは積み重ねて、つんもり山高に盛る。

③後で葉で仕切りをするので、料理の間にすきまをつくっておくのがポイント。

④汁けのあるものの底には、葉らんなどを敷く。

⑤料理のすきまを葉で埋めるようにして仕切りをする。このお重はこれで完成。

⑥ 次のお重も同じ様に、真ん中に存在感のある料理をおく。

⑦ 巻きものは断面が見えるように、少しずつ斜めにずらして盛る。

⑧ 形と色合いを考えながら、あきスペースに料理を詰めていく。

⑨ きゅうりの中華風漬けのような汁けのあるものは、葉らんの器に入れてから。

⑩ すきまを葉で仕切っていく。葉の向きは、斜め上から見て美しいように。

⑪ このお重はこれで完成。最初のお重と合わせて、2〜3人分という想定。

⑫ うらじろの葉をお重の大きさに合わせて切り、料理を覆うようにのせる。

⑬ これが、「まだ誰も手をつけていません」というしるしになる。

2日めは小皿に

誰でも上手にできる初級編です。何枚もの小皿にそれぞれ料理を盛って、食卓にうわっと並べる。色は統一して、いろんな形、質感を混在させると、よりいっそう楽しい雰囲気になります。白い豆皿なら、料理と白の余白の割合に気をつけてそれぞれを盛り、ときに緑の葉をあしらって、たとえば田作りの顔の向きをそろえて盛るだけでも整然と美しく、きりっとモダンに見えるような気がします。

おせちというよりは酒の肴や前菜の感覚。お客さま同士で「それ取って」と、小さなお皿がテーブルの上を行き来するようすも楽しいものです。メインには、すきやきのようなお鍋をつけるのはいかがでしょう。娘たちのかしましい友人たちが集まったころには、これにミートソースのスパゲティをつけるのが恒例で、食べざかりの若い人たちにとても好評だったのを覚えています。

3日めはゆず釜に

ゆず釜には、なますや昆布じめなど、くたっとして形の決まりにくいものを選んで入れます。出盛りのフレッシュなゆずの黄色が、3日めの倦怠をふきとばしてくれます。作りかたはとても簡単。まずは傷のない、きれいなゆずを大きさをそろえて選び、上部を落として包丁でぐるりと切れ込みを入れてから、スプーンを使って中身をくり抜きます。くり抜くには、グレープフルーツ用のスプーンがあるとやりやすい。ゆずの実はぎゅっと絞って冷凍しておけば、のちのちの料理に使えます。ゆず釜をのせる器は、ゆずの黄色を引き立てる白かガラスのお皿が基本。黒や朱でもステキです。ふたを添え、葉をあしらうと、風景がぐっと締まります。

今年のおせちは

この竹炭は静岡に住む炭焼きの作家さんに特別に注文して焼いていただいたもの。焼きを止める絶妙なタイミングで実現したつやけしの感じや、自然で美しいしなりが気に入ってそのまま部屋に飾っていたのですが、ふと思いついて、昨年のお正月におせちを盛る器として食卓にのせてみました。無骨な竹節がいい仕切りになって、我ながらそのアイデアににんまり。炭の黒と料理が互いの色を美しく引き立て合うことも、予想外の成果でした。やはり自然同士はよくなじむのでしょう。どことなく料理も呼吸を楽にしているように見えたものです。むろん、お客さまにも歓声をもって迎えられ、器えらびも盛りつけのうちとあらためて思いました。

3品作るなら

手作りのおせちは初めてで、これから時間をかけて少しずつ勉強していきたいと思っている。あるいは、忙しくて市販のものに頼りがちだけど、ほんの少しでも自分がこしらえたおせちを家族に食べさせたいと思っている。そんな方には、この3品からはじめてみることをおすすめします。

黒豆、数の子、田作り。いわゆる基本の祝い肴三つ肴が心を込めた手作りであれば、じゅうぶんに寿ぎの気分は出ると思います。反対に、この3品が出来合いなら、どれだけ寂しい食卓になることでしょう。

① 黒豆

⑬ 数の子

④ 田作り

味はもちろん、色や質感も違うので、大きなお皿にうらじろなどのおおぶりの葉っぱを敷き、余白をつけながらちょこちょこと並べるだけで、そこそこ絵になるうれしさもあります。左は、漆の黒の折敷にゆず釜を使って3品を盛りつけたもの。飾っていた椿の枝を切り、アクセントに添えてみました。ゆず釜は空間のよりどころになるので、それを核にすると料理がおきやすくなります。

7品
作るなら

おせち中級者編。基本の3品をマスターし、さらに余裕のあるというかたは、あらたに4品を加えた基本の7品に挑戦してみましょう。昆布巻きやだて巻きなどの巻きものに少々手がかかりますが、時間とフードプロセッサーさえあれば、それほどの問題もありません。この7品が身につけば、じゅうぶんに、おせち名人といえます。

ただ、まちまちな形が入りまじっていますから、3品より盛りつけはやや難問。たとえば白い大皿に盛るのなら、何かしらの核を決め、お重に詰めるのと同様にそれぞれの料理を立体的においていくのが基本ですが、中途半端なバランスで散漫に見えがちなので、左のようにリースをあしらってみたり、松葉や南天の実などの自然を上手に使ってみてください。難しいなと悩んでしまったら、小皿盛り（P62）にすればいいのです。

④田作り
⑬数の子
①黒豆
⑪昆布巻き
⑤栗きんとん
⑯たたきごぼう
⑫だて巻き

盛りつけポイントいろいろ

葉っぱの仕切りには防腐の役目も

味が複数あるおせちですから、盛りつけるときには、隣に味が移らぬように仕切ることが必要になります。でも、それがホイルやラップの人工物では、あまりに風情がありません。自然の葉っぱなら目にすがしく、さらに松や笹には防腐の効果もあって、葉を飾るのがただの演出でなく、伝統的なひとつの知恵だということがわかります。シャープな松葉を添えると平面的になりがちな重箱が立体的に見えてくるし、南天の葉や赤い実はかわいらしいアクセントになってくれます。お皿に盛るときは、うらじろ、葉らん、熊笹などのおおぶりな葉を下に敷くと、それだけで華やかな雰囲気になります。

葉の器の作りかた

汁けのあるものや、けして味を隣に移したくないもの、まとまりにくい料理を仕切るときに。スペースの大きさに合わせて葉を切り、角を落としてからくるりと巻いて、ホチキスで止めます。食べものを入れるのにホチキス？　と驚かれそうですが、2日も3日もそのままにせずに、1回ずつ使い捨てにすれば問題はありません。葉らんや熊笹で作ります。

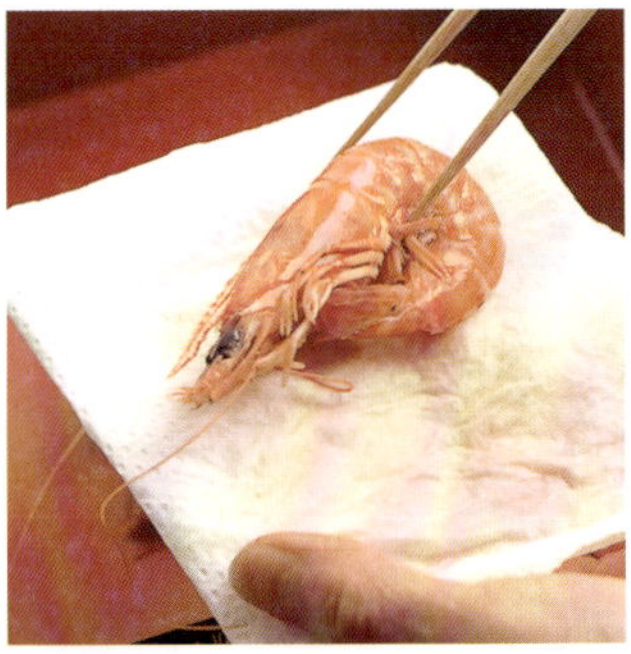

盛りつけの美しさは立体感

ひとつひとつの料理を立体的に盛ることで、全体として躍動感のようなものが生まれるのです。たとえば、昆布じめのような平板でやわらかなものなら、くるりと巻き込んで形に成し、小さくて平らなかたまりは、安定感のある三角形に積み重ねる。先の尖った盛りつけ箸があれば、繊細な作業が楽にできます。

汁けのあるもの

汁けのあるものは、キッチンペーパーできちんと汁けを切ってから詰めます。汁けがあっておさまりの悪いもの（きゅうりの中華風漬け、あんずの甘煮、ゆずのはちみつ漬け、黒豆、なます、きんとんなど）は、葉らんか熊笹の器やゆず釜に入れると落ち着きます。

おせち作りに欠かせない道具

いい道具をそろえることは、料理以前に大切なことです。長丁場になるおせちの準備を楽しく気分よくおこなうため、とびきりおいしく、目に美しく仕上げるため、必要最小限の道具はなにかを考えてみました。

銅鍋
落としぶた
ムーラン

おせち道具の立て役者といえば、煮ものをする鍋でしょう。選ぶときは鍋をもちあげ、底のカーブの具合をよく見てみてください。垂直よりはゆるやかに丸いほうが煮汁がのぼりやすく、全体の対流がスムーズにいって、おいしい煮ものができます。その点でも京都の老舗「有次」のお鍋は高ポイント。理想はなんといっても銅鍋ですが、なければ「ル・クルーゼ」などの厚手のほうろうや多層構造のステンレス鍋でもOK。うす手のものしかなければ、下に焼き網やセラミック板を敷くなどして、火がゆるやかに回るように知恵を働かせてみてください。底からのぼってきた煮汁を下に向かわせ、味をふくめる役目を果たすのが落としぶた。木製の場合は、煮汁をしみにくくするため、水洗いして吸水させてから使います。右奥のムーランは、りんご羹を作るときに使う手まわしの漉し器です。素材を入れて飛び出たハンドルをくるくると回すだけで、すばやくなめらかに素材を漉すことができ、フランスの台所には必ずといっていいほどおかれているもの。私はりんご羹にしか使いませんが、ゆでた野菜を漉してポタージュを作ったり、大量のみじん切りをするときにも便利なものです。

竹の皮
ガーゼ
さらし

おむすびを包むのによく使われる竹の皮ですが、昆布巻きや煮魚をするときに鍋の底に敷くとこびりつきや焦げつきの心配もなく、しかも煮あがりを竹の皮ごと取り出せて、かたちが崩れることもありません。表裏を水でぬらし、その水けをふいてから使います。目がゆるくやわらかいガーゼ（または寒冷紗）は、かつおぶしを包んで追いがつおにするときに必要不可欠。やわらかくて崩れやすい岩石卵を巻いて蒸すときにも使います。手まりずしや茶きんを握るとき、だしをとるとき、魚を酒粕や味噌につけるとき、くだものや豆などやわらかいものを煮るときの落としぶた代わりにもなるので、まとめて買って、使いやすい大きさに切っておくと重宝します。ガーゼよりも目の詰まったさらし木綿は、煮汁を吸いすぎてしまうので落としぶたには向きません。如意巻きのようにしっかり巻きたいとき、塩もみした野菜などの水けをしぼるとき、素材の水分をふくとき、豆腐の水きりに。ガーゼもさらしも使う前に水洗いして、のりをきちんと落としてから使います。

鬼すだれ巻きす

鬼すだれは太い竹を三角の棒状に削って連ねたもので、私はお正月のだて巻き用にしか使いません。一年に一度だけの登場というと、つい、巻きすでの代用を考えてしまいがちですが、凹凸が大きく、おめでたいだて巻きの華やかさは、これがなければ成立しません。私は4枚持っていますが、これを使いまわして毎年10本ほどのだて巻きを作っています。巻きすはごく一般的なもので、如意巻きや岩石卵を巻くときに使います。どちらも使い終えたら洗って、よく乾燥させてからしまうことが長もちの秘けつです。

よく研いだ包丁
菜切り包丁
四角いまな板
網とバット
抜き型

仕上げや切り口の美しさがいつにも増して大事になるおせちですから、包丁はよくよく研ぎ、切れ味よく整えてから料理をはじめます。とりわけ紅白なますなどは、どれだけ細く軽快に切れるかが味の分かれ目。切れない包丁ではストレスになってしまいます。幅広で刃がうすい菜切り包丁は、サーモンの大根巻きでかつらむきをするときにあると便利。厚みのあるお餅を切るときにも重宝します。

まな板は、奥ゆきのあるものがいいでしょう。奥ゆきがないと、おせちに多く登場する巻きものをするときに行き場がなくなってしまいますし、刻んだものもぽろぽろこぼれてしまって、イライラのもとになりかねません。流れるように作業を進めていくためには、網とバットのセットもできるだけ数があったほうがいいでしょう。切った素材を並べておく、下味をつけておく、揚げものの油を切る、できあがりを広げて冷ますなど、出番は数限りなくあります。手前は抜き型。型で抜いた野菜は、それだけでかわいらしく、おめでたさの演出になります。わが家のお正月のかたちは昔から羽子板と大小の梅の花で、お雑煮やお煮しめに、ぽっと新春の彩りを添えてくれます。

おせち25品の作り方

だしをとる

おせちの準備は、だしをとることからはじまります。だしは和食の基本、おせちのおいしさを支える大黒柱でもありますので、ここがいいかげんでは、すべてが台無しになってしまいます。良質で新鮮な素材をえらび、とくにかつおぶしは、2本の菜箸が立つほどに思いきりよく入れて、そのままスープとして飲んでもおいしい極上のだしをとります。うまみが濃いおだしがあれば、淡い味つけでも物足りなさはありません。かえってそのほうが、素材の滋味をよりよく味わい慈しむこともできるのです。

そんな贅沢をしてとるおだしですから、一滴でもむだにはしたくない。かくいうわけで、暮れゆく年末のわが家の台所の棚には、牛のお乳のようにおおきなガーゼの袋が幾つもつり下がり、それぞれの下に、ぽたぽたと落ちる黄金の滴の受け皿が並ぶのです。有元家の年末の風物詩、その風景は壮観です。

［材料］ 直径30cmの鍋2個分
水　30リットル
昆布　長さ20cmのもの3枚
かつおぶし　150g（水1カップにつき10g目安で計算します）

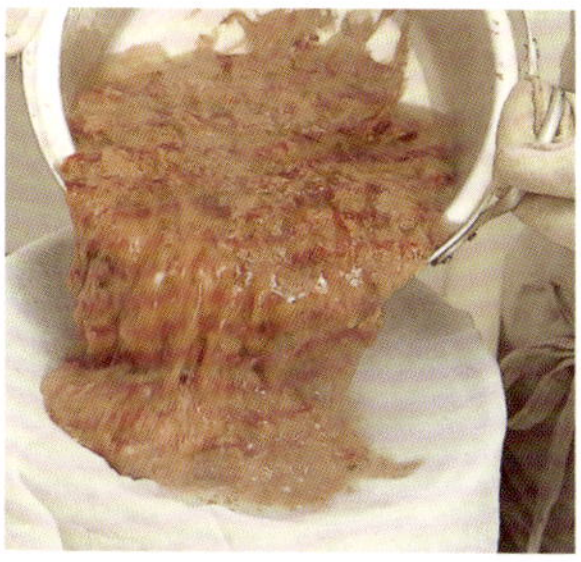

①昆布は、かたく絞ったぬれぶきんでふき、水を注いだ鍋に入れて最低でも1時間ほどおく。（私は半日おいています）。

②鍋を弱火にかけて煮出し、昆布がゆらゆらして小さな泡が添うようになったところで引き出す。ぬめりが出るので、絶対に沸騰はさせない。

③お湯が沸いてきたら火を止め、かつおぶしをいっきに入れて菜箸でお湯に埋めるようにしてから、7〜10分そのままおく。飲んでみて、水の味がしなくなるまで（その判断のためには水の味を知っておくことも大切）。

④大きめのボウルにざるをのせ、そこにガーゼを広げたものを用意しておく。③を注いで漉し、自然にだしが落ちるようにガーゼの四隅を結んで高いところに吊るしておく。エグミが出るので、むりに絞ったりはしない。なにかの拍子にガーゼごと落ちることもあるので、ざるはそのまま置いておく。

⑤とっただしは密閉容器に入れて少し塩を加え、冷蔵庫で保存する。1〜2日以内に使わない分は、ストックバッグに入れて空気を抜いて冷凍する。

● 和食の基本

ふっくらと豆を煮る

①黒豆

まめに暮らせるようにと縁起をかつぎ、家族の無病息災を願う一品。わが家では、ふっくら煮てから甘い汁につけて味をふくめ、お豆のシロップ煮のようなさらりとした感じに仕上げます。甘さを控えたこの煮汁は、スープのようにいくらでもいただけるので、うちでは黒豆は大きめの器に盛りつけて、スプーンを添えて出すのが決まりです。

豆は、お正月前にちょうど出回る新豆をえらんで使います。新しくいい豆ほど、質が均一で火通りも早いのです。豆を煮るときの鉄則は、豆の背中がけしてゆで汁から顔を出さないように監視を怠らないこと。強すぎる火で踊らせないことも肝心です。古釘や木灰を入れて煮るやりかたもありますが、小道具なしでも十分おいしく作ることはできます。豆に多少のしわが寄っても、私はそれでよいと思っています。

[材料]　4カップ分

黒豆　1袋(300g)

グラニュー糖　2〜3カップ

(甘さ控えめにしたい場合は豆の量の7割ほど、甘めが好きな人は豆と同量に)

しょうゆ　大さじ2〜3

作り方

[下準備]

① 黒豆をたっぷりの水にひと晩つける。水の量は、豆の上にげんこつをのせ、すっぽり隠れるくらいが目安。

・ひと晩つけると、2倍ほどにふくらむ。

② 黒豆をつけた水ごと厚手の鍋に入れて、中火にかける。

③ 煮立ったらあくをすくってごく弱火にし、ガーゼでふたをしてやわらかくなるまで煮る。豆を踊らせないよう、背中がゆで汁から出ないよう、足りなくなったら湯を差しながら。煮る時間は豆によって異なるので(新豆なら1時間半〜2時間)、指でつまんでぷちっとつぶれるくらいまでを目安にします。

[甘い煮汁を作る]

④ ゆで汁4カップを別の鍋に取り、グラニュー糖を入れて火にかけ、あくをすくいながら煮溶かして、火からおろす。

［味をふくめる］

⑤　黒豆の鍋をざるにあけ、豆だけを④の鍋に移し入れて、しょうゆを加えてつけておく。

このとき、黒豆とつけ汁が同じ温度であることが大切なので、③と④の間に時間をおかないこと。

甘めに仕上げたい場合は豆を④の汁で煮てもいいけれど、その場合は長くても10～20分、香りづけのしょうゆは最後に加えて、すぐに火を止めます。

和食の基本

果物をマリネする

② ゆずのはちみつ漬け

皮やしぼり汁だけでなく、ゆずまるごとが味わえる甘い箸休め。はちみつのこくがゆずのほろ苦さをまろやかに中和するので、子供でも食べられます。

［材料］ 3カップ分

ゆず　3〜4個

はちみつ　1カップ

作り方

① ゆずは縦半分に切って種を取り、薄く切ってバットに並べる。

② はちみつを回しかけ、ゆずがしんなりするまで2〜3時間つけておく。

和食の基本

干した果物をシロップで煮る

③ あんずの甘煮

オレンジの色がかわいらしくて、口直しや彩りに、少しでもあるとうれしいものです。私はお正月に限らずよくこしらえてはガラス瓶に保存し、白玉とあえたりチーズに合わせたりして食後の愉しみにしています。煮すぎるとジャムになってしまうので、そうなる前、煮汁がとろんとシロップ状になった、ほどよいやわらかさで火を止めるタイミングが肝心。

［材料］ 3カップ分

干しあんず　300g

グラニュー糖　200〜300g

作り方

① 鍋に干しあんずを入れ、ひたひたの水を注いで、弱めの中火にかける。

② あんずがやわらかくなってきたらグラニュー糖を加え、煮汁がとろりとしてくるまでことことと煮る。

③ 火を止めて冷まし、そのまま味をふくめる。

和食の基本

空炒りで水分をとばしてから味をからめる

④田作り

豊年豊作祈願とも、ごまめ（五万米）に「達者」の意味があるからともされる縁起もので、黒豆、数の子と並ぶ「祝い肴三つ肴」のひとつ（京都では黒豆のかわりにたたきごぼうが入るようです）。甘く煮るのが定番ですが、わが家のは昔からピリ辛ごま風味。日本酒の肴にもぐあいがいいらしく、ひょいひょいつまれては、あっというまになくなってしまいます。

［材料］
ごまめ　50g
赤唐辛子　1本
いりごま　大さじ1
みりん　大さじ2
酒　大さじ1
しょうゆ　大さじ2

作り方

［ごまめを空炒りする］

① ごまめの腹わた（お腹の黒い部分）をむしる。赤唐辛子の種を取って輪切りにする。

② オーブンの天板にキッチンペーパーを敷いてごまめを広げ、150～160度で10～15分焼くかフライパンで空炒りにする。手でぽきっと折れるくらいまでが目安。

［調味料をからめる］

③ 中華鍋をよく温め、まず、酒とみりんを入れてへらでまぜながら煮詰める。半分量ぐらいになったら、しょうゆを加え、焦げないように少しだけ煮詰めて火を止め、ごまめを入れてからめる。ごまめ同士がくっついてしまったら、酒少々を加えてほぐす。

④ 赤唐辛子とごまを入れて火をつけ、汁けがなくなるまでよくからめる。

⑤ バットなどに広げて冷ます。

さつまいもを色よく煮る

⑤栗きんとん

きんとんは漢字で「金団」、黄金の団子という意味があるようで、そのとおり、くちなしの実で黄金色につやよく仕上げる華やかな一品です。さつまいもを漉すときに、私はフードプロセッサーかハンディミキサーを使います。前者だとなめらかな舌ざわり、後者だと完全にはなめらかにならずに多少粒々が残る感じになるけれど、それはそれで素朴な風味がして私は好きです。デザートのおまけがたくさん生まれる料理でもあるので、多めに作ることをおすすめします。

［材料］4カップ分
さつまいも　600g
くちなし　2個
みょうばん　小さじ1
グラニュー糖　150～200g
塩　小さじ1/2
栗の甘露煮　15～16個

作り方
［下準備］
① くちなしを軽くたたいて割り、ガーゼに包む。

② さつまいもの皮を一度ピーラーでむき、黄色い筋が出てきたら、その下までさらに厚めにむく。

③ 1cm幅の輪切りにし、みょうばん水に1時間ほどつけてから水洗いする。

［煮て、つぶす］

④ 鍋にさつまいもと①を入れ、たっぷりの水を注いで中火でゆでる。中心に竹串をさして、すっと通るほどのやわらかさになったら火を止める。

⑤ ゆで汁をボウルに移す。鍋のなかのさつまいもをハンディミキサーで撹拌する。なめらかに仕上げたい場合はフードプロセッサーを使う。

［つぶしたさつまいもを甘く煮る］

⑥ グラニュー糖と、ボウルに分けたゆで汁の150ccほどを様子を見ながら加え、木べらでよくまぜる。

⑦ 弱火に戻して練りながら煮て、グラニュー糖が完全に溶けたら塩で味を調える。グラニュー糖の量は好みで、煮ながら味をみて、足りなければ足していくようにします。

［栗の甘露煮をまぜる］

⑧ つやが出てぽってりとしてきたら栗を加え、まぜながら栗のなかまでを温める程度に火を通す。

⑨ バットなどに広げて冷ます。

追いがつおをの仕方をおぼえる

⑥お煮しめ

砂糖やみりんで甘くせずに、だしの風味をきかせて作るお煮しめは、私が母から引き継いだ味です。大根もいっぱい入っており、大人になって、そんなうちはめずらしいと聞いたときはとても驚いたものです。母のものは、しっかりおしょうゆを入れた田舎風の味でしたが、私のはもっとストイック。たっぷりのおいしいおだしに、さらに追いがつおの贅沢もして、ほんのりうす味に仕立てます。ここまで深くだしの味をふくませておけば、冷たくなっても素晴らしくおいしい。それぞれの野菜の本来の味が、際立ってくるような気がします。にんじんの梅型に抜いた枠は、じつは中心よりおいしい部分なので、一緒に煮て、鉢には盛らずに別に食べます。

［材料］
干ししいたけ　8枚
里いも　8個
こんにゃく　1枚
大根　1/2本
れんこん　1節
ごぼう　1本
にんじん　2本
絹さや　適宜
酢　少々
だし　10カップ
酒　1/2カップ
しょうゆ　大さじ2～3
塩　大さじ1～1/2
かつおぶし　ふたつかみ
米ぬかまたは米のとぎ汁　適宜

作り方
［下準備］
① 干ししいたけを水につけて十分に戻し、軸を切り取る。
② 里いもは泥をたわしで洗い、よく乾かしてから皮ごと六角にむく。
③ こんにゃくは下ゆでし、両面かのこに細かく切り目を入れて、6～8等分にする。
④ 大根は皮をむき、3cm厚さに切って面取りをし、ひとつかみの米ぬかを入れたお湯または米のとぎ汁でやわらかく下ゆでする。
⑤ れんこんは皮をむいて1～1.5cm厚さの輪切りにし、薄い酢水につける。
⑥ ごぼうは皮をこそげて1cm厚さの斜め切りにし、酢を入れた湯で下ゆでする。

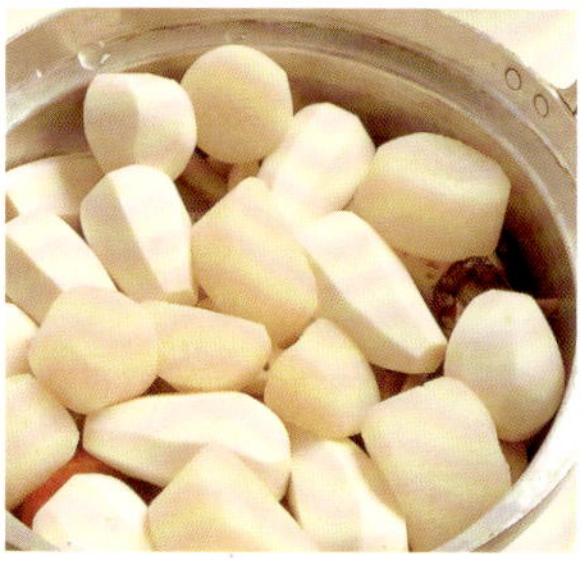

⑦　にんじんは皮をむいて厚さ1cmの輪切りにし、梅型に抜く。

⑧　絹さやはさっと塩（分量外）ゆでする。

⑨　鍋に、にんじん、こんにゃく、ごぼう、しいたけ、れんこんと、煮くずれしにくいものから順に入れていく。里いもや大根は上におく。

［追いがつおをして煮る］

⑩　鍋の大きさに合わせてガーゼを切り、かつおぶしを包んで追いがつおを作る。

⑪　⑨の鍋に、だし、酒、しょうゆ、塩を加え、⑩をのせて落としぶたをし、弱火でことことと1時間ほど煮る。

［味をふくめる］

⑫　火を止め、そのまま味をふくめる。

いただくときに器に盛りつけ絹さやを彩りよく飾る。

和食の基本

ぴり辛のつけものを作る

⑦きゅうりの中華風漬け

おせちのなかでは新鮮に感じる、ぴり辛とごま油の風味が魅力。ほかの料理の煮たり炊いたりをしている間にささっと作れますから、ころ合いを見てこしらえておいてください。白いごはんが恋しくなったときも、いいお供になってくれます。きゅうりは種を切り落としてつけますので、水分が出にくく、かりかりとした食感を長く楽しむことができます。

［材料］
きゅうり　4本
塩　少々
赤唐辛子　1～2本
しょうが　1片
しょうゆ　大さじ3
酢　大さじ1
ごま油　大さじ3

作り方

［下準備］
① きゅうりは長さ5 cmほどに切り、縦に四等分して、種の部分を包丁で切る。

② ①をボウルに入れ、塩をふって30分ほどおいて水分を出す。赤唐辛子としょうがを千切りにする。

［味つけをする］
③ きゅうりの水けをよく絞り、赤唐辛子、しょうが、しょうゆ、酢、ごま油を加えてよくまぜ合わせ、味をなじませる。

和食の基本

酢のものを作る

⑧紅白なます

おめでたい紅白に仕立てて、ゆずの香りを添える、お正月には欠かせない酢のものです。赤すぎると品がないので、大根とにんじんの分量のバランスにはくれぐれも気をつけて。合わせたボウルのなかで色調を見て、「赤い」と感じたら大根を足すくらいの臨機応変が必要。これ以上細くは切れない、というところまでがんばって千切りにすると、素材が混然一体となって、いっそうおいしさが際立ちます。つまりは包丁をよく研いでから。

［材料］
大根 1/2本
にんじん 小1/2本
塩 大さじ1
砂糖 1/2カップ
酢 1/2カップ
ゆず 1個
赤唐辛子 1〜2本

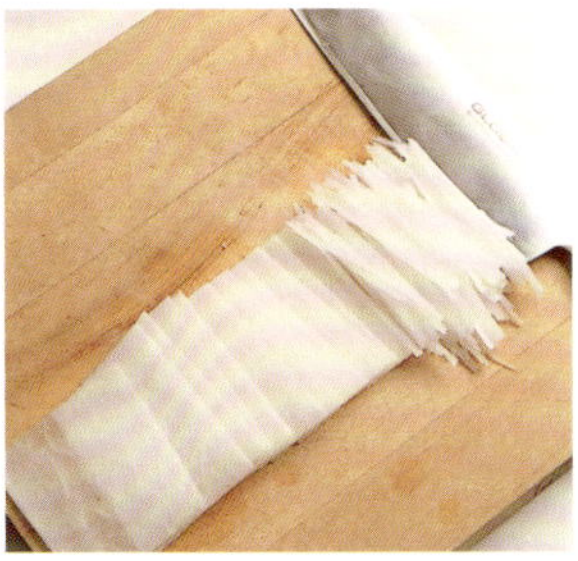

作り方

［下準備］

① 大根の皮をむいて5cmほどの長さに切り、縦に薄切りにしてから千切りにする。にんじんも同様にする。

② ①をボウルに合わせて塩をふり、手でもんで少しおいておく。

③ ゆずの皮を千切りにし、実の汁を絞っておく。赤唐辛子の種を取り、小口切りにする。

④ ②がしんなりしたら、少量ずつ手に取って水けをきつく絞り、別のボウルに移し入れていく。野菜の水けが残っているとしまりがない味になるので、こういうところで手を抜かないこと。最後に、全体をほぐすようによくまぜる。

［調味しておく］

⑤ 砂糖、酢、ゆずの皮と絞り汁、赤唐辛子を加えてよくまぜ、そのままおいて味をなじませる。

和食の基本

寒天でかためる

⑨りんご羹

爽やかな甘さと、ぷるっとやわらかな食感で、口直しにもデザート代わりにもなります。りんご本来の鮮やかで濃い皮の紅で色を出し、けばけばしさのない自然なピンク色に仕上げたいので、瑞々しく光る皮の紅色が濃い紅玉をえらぶのが肝心。茶色や黄色系統の色が多いおせち料理のなかにこのピンク色があると、はっとするような華やかさが生まれます。レモン汁は、りんごの色を保つためと味を引きしめるために加えます。

［材料］約28×14cmの容器1個分

紅玉　中3個
棒寒天　2本
グラニュー糖　2カップ
砂糖　大さじ3
レモン汁　大さじ3

作り方

［りんごを煮る］

① りんごを皮つきのまま縦に8等分にし、芯と両端を落として横に小さな薄切りにする。鍋に入れ、砂糖とレモン汁大さじ3を加えてまぜ、やわらかく透明になるまで中強火で煮る。水分がとびやすい広口の鍋を使うと、あっというまに煮あがる。

［裏漉しする］

② ①を裏漉しする。このときムーランを使うと、すばやくなめらかに漉せて便利。

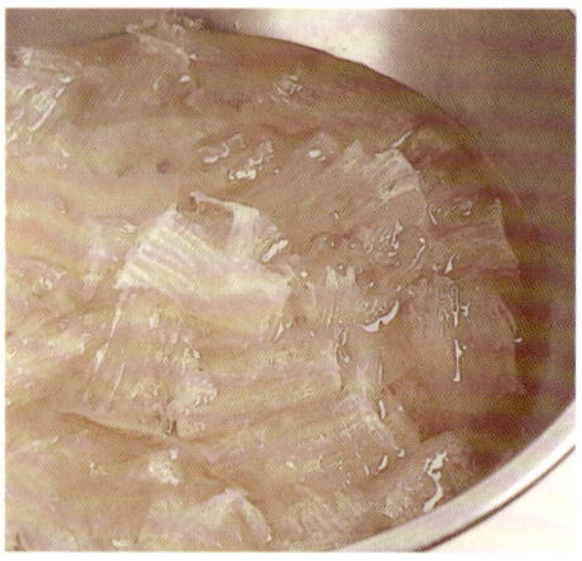

［寒天をとかす］

③ 棒寒天を適当な大きさにちぎり、1時間以上水につけてふやかす。

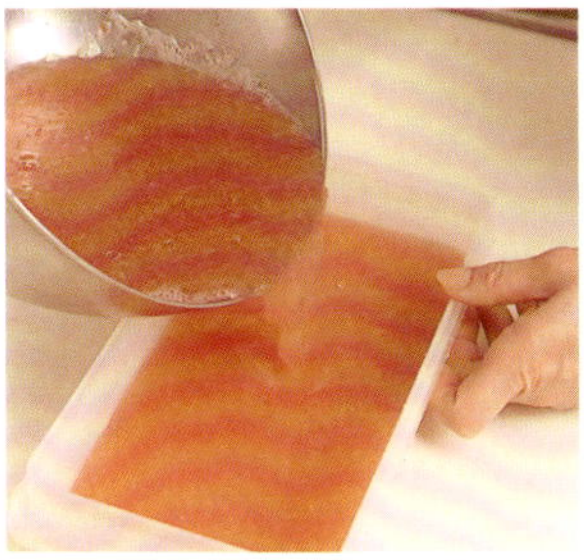

④ ③の水けをぎゅっと絞って鍋に入れ、水5カップを注いで強火にかけ、煮立ってきたら中火にして、寒天が煮溶けて水が半量になるまであくをすくいながら煮詰める。煮詰め具合を正確に測るためには竹串を使い、最初の水面の高さに包丁で目印をつけておくといい。半量はその半分の高さなので、それを目安に。

⑤ グラニュー糖を加え、木べらなどでよく溶かして火を止める。

［寒天でかためる］

⑥ ⑤の寒天をざるで漉しながら静かに②に加えていき、泡が立たないようにそっとまぜ合わせてから残りのレモン汁をまぜ入れる。

⑦ 平らな密閉容器に静かに流し入れ、粗熱がとれたら冷蔵庫に入れて冷やしかためる。表面の泡が気になるようなら、手に水をつけてそっと取る。

⑧ いただくときに、必要なだけ型で抜くか、切り分ける。

● 和食の基本

和風照焼きハンバーグを作る

⑩のし鶏

いわば四角く作った和風照焼きハンバーグを、お正月の食卓用におめでたい末広の形に切り分けただけ。たっぷりのごまをつけたものを二度返しますので、あまり乱暴に扱っては困ります。ひき肉の半分を最初に炒っておくのは、生だけで作るとやわらかすぎてしまうから。形も作りやすくなるうえにフライパンの上での火通りも早く、外が焼けても中は生という失敗もありません。

［材料］ 7×12cm 2枚分
鶏ひき肉　400g
卵　1個
片栗粉　大さじ1
酒　大さじ1
みりん　大2と1/2
しょうゆ　大2と1/2
ごま油　大さじ1〜2
白いりごま　適宜
たれ
　みりん
　　大さじ2と1/2〜3
　しょうゆ
　　大さじ2と1/2〜3
　酒　大さじ2

作り方

① ［鶏ひき肉に味をつける］ 鶏ひき肉の半分量を鍋に入れ、菜ばし4〜5本を使ってポロポロになるまで炒って、粗熱をとっておく。

② ①に残りの生の鶏ひき肉、酒、みりん、しょうゆ、卵、片栗粉を加えて、木べらなどでねばりが出るまでよくまぜる。

③ ［四角く形作る］ オーブンシートに②の半分量をのせ、厚さ2cmほどの長方形に形作る。

④ ［フライパンで焼く］ フライパンを温めてごま油を入れてなじませ、余分な油を捨ててから、手のひらにのせた③をひっくり返しながらそっとおいてシートをはずし、弱火で焼く。

⑤ かたまらないうちに、もう一度へらなどで形を整え、表面に白ごまをびっしりのせて、はがれないように手でそっと押さえつける。

⑥ 下がこんがり焼けたら板や皿などにスライドさせてひっくり返し、ふたをしてなかまでしっかり火を通す。真ん中を押さえてみて、かたく弾力が出ていれば火が通った証拠。

⑦ ごまの面が上になるように返し、フライパンの余分な脂や汚れをふきとってきれいにしてから、たれのみりんを入れ、火を強めてアルコール分をとばす。油分をきれいにふくのは、できあがりが油っぽくならないように。

［たれをからめる］

⑧ しょうゆを入れて、焦げないように火を弱めてから、のし鶏の底面にたれをからませ、そっと返してごまの面にもからめるようにする。

⑨ バットなどに出し、上からたれをかけてそのまま冷ます。

⑩ 残りの半分も同様に焼く。

⑪ いただくときに末広型に切り、串を刺す。いきなり串を強く刺すと壊れやすいので、一度そっと刺して穴を開けてから、再度しずかに刺してゆく。

和食の基本

しょうゆを加減しながら甘辛く煮る

⑪昆布巻き

「よろこぶ」との語呂合わせや、巻きものを結んだかたちが、おめでたいとされます。中身は年ごとに変えていて、ごぼう、身欠きにしん、ここ数年は切り口が美しいたらこを巻くのがお気に入り。太すぎるとむっちり、細すぎては貧弱になるので、できあがりを想像してほどよい大きさのたらこをえらぶようにします。煮汁のベースは、水を加えずにぜんぶお酒でもいいくらい。圧力鍋を使ってもできますが、汁がとばずに煮汁がしゃぶしゃぶした感じになるので、昆布が煮えたらお鍋に移し変えて、そこから煮詰めれば時間の節約にもなります。

［材料］
昆布　長さ12センチのもの8枚
生たらこ　中4腹
かんぴょう　1袋
酒　½カップ
砂糖　¼カップ
みりん　½カップ
しょうゆ　½カップ

作り方

［下準備］

① 昆布をさっと水にくぐらせ、ビニール袋に入れておいておく。こうすると、芯までしんなりと戻せます。

② たらこは、つながった部分を包丁でそっと切る。

③ かんぴょうは、水でさっともみ洗いをする。戻しすぎると切れやすくなるので気をつけます。

［たらこを巻く］

④ 昆布を1枚ずつ広げ、たらこを芯にして手前から巻き、巻き終わりを下にして、2か所をかんぴょうで結ぶ。昆布が長い場合は3か所でもいい。結び目の間隔は、切ったときのかたちを考えながら。

［竹の皮を敷いて煮る］

⑤ 竹の皮の底になる部分に切り込みを入れて鍋に敷く。こうすると煮汁の回りがよくなり、取り出しやすく、焦げつきも防げます。

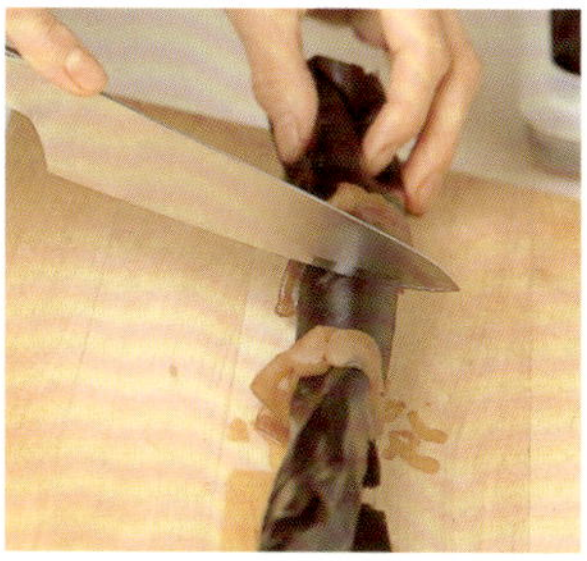

⑥ 昆布巻きを並べ入れて竹皮を閉じ、落としぶたをする。酒と、ひたひたより少し多めの水を注ぎ、中火にかける。煮立ってきたら火を弱め、昆布がやわらかくなるまで1時間半ほどことことと煮る。
途中、水や酒を補う。

⑦ 昆布がやわらかくなったら、落としぶたを取り、砂糖、みりん、しょうゆ少々を入れ、落としぶたを戻して、さらに弱火でことことと煮る。途中で味見をしながら、しょうゆを足し、全体で3〜4時間ほど煮る。しょうゆは一度にまとめて入れずに、少しずつ入れて好みの味にしていったほうが失敗がありません。

⑧ 火を止めて、煮汁につけたまま冷ます。

［食べやすく切って整える］

⑨ 切るときは、まず真ん中で半分に切り、かんぴょうの結び目が真ん中になるように端を落とす。かんぴょうは、はさみできれいに整える。

たまご焼きをふっくら焼く

⑫ だて巻き

市販のもののような甘すぎるだて巻きは、苦手な方のほうが多いのではないでしょうか。かくいう私もそう。うちでは砂糖は控えめにして、だしの味をきかせたものを作ります。材料はミキサーできめ細かくしっかりと撹拌。それまでにすべての準備を万端にしておいて、撹拌した卵の細かい泡が壊れるうちにオーブンに入れて焼きはじめることが、ふんわり仕上げる重要なポイントです。

お正月には甘鯛をふんぱつしますが、海老やかに肉を具として焼き、巻かずにちいさめの四角に切れば、ふだんのおかずやお弁当にも応用できます。

［材料］（1本分）
甘鯛の切り身（皮と骨を取る）　正味120g
卵　5個
だし　1/2カップ
砂糖　大さじ4
みりん　大さじ2と1/2
しょうゆ　小さじ1
塩　ひとつまみ
サラダ油　少々

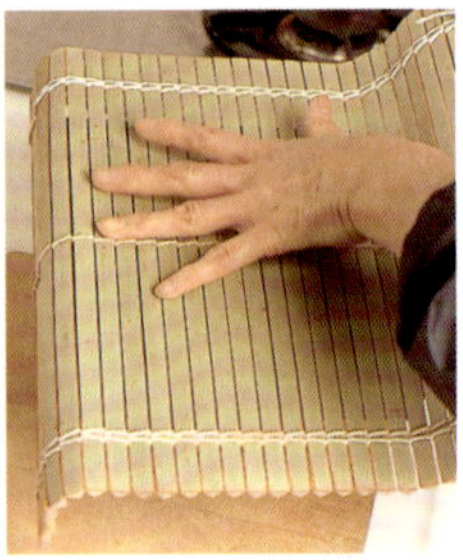

作り方

①［卵を調味する］
ボウルに卵を割り、だし、砂糖、みりん、しょうゆ、塩を加えておく。甘鯛の切り身をぶつ切りにする。オーブンを200度に熱しておく。

② 卵焼き器に油を入れて熱し、たたんだキッチンペーパーを使って側面にも油をよくなじませてから、油を捨てる。

③［鯛を加えて撹拌する］
ミキサーに、①のボウルの材料全部と鯛を入れ、なめらかになって泡立つまで1分ほどしっかりと撹拌する。

④［オーブンで焼く］
間をおかずに卵焼き器に流し入れ、すぐにオーブンに入れて200度で5分、180度で15分焼く。ここでもたもたしていると泡が消え、ふわふわ感がなくなってしまいます。

⑤［鬼すだれで巻く］
焼きあがったら、すぐに鬼すだれを卵焼き器にかぶせてひっくり返し、すだれの竹目に沿って2cm間隔に包丁で切り目を入れる。

⑥ 鬼すだれの両端を持って左右を交互に少しずつ寄せていき、どちらかを内側に入れ込んで丸めてから、鬼すだれをきっちりと巻いていく。

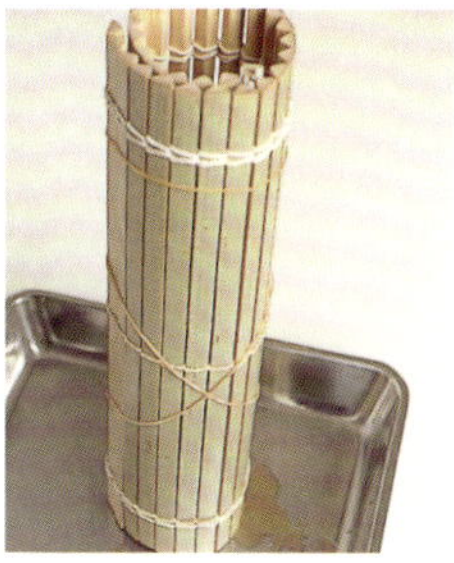

⑦ 輪ゴムで止め、バットなどに立てて冷ます。立てるのは、冷めるにつれ汁が出てくるので、それをなかにためないようにするため。日持ちがよくなります。

⑧ 切るときは、まず真ん中で二等分にし、それぞれを四等分する。

● 和食の基本

追いがつおで味をふくめる

⑬数の子

卵が多い数の子は、子孫繁栄を願う祝い肴のひとつ。だしのうまみをしっかり、ぞんぶんにふくませるために、だし汁につけるだけでなく、ガーゼで包んだかつおぶしをのせて贅沢にふくめます。だしがおいしければ、ほんのりの薄味でも十分に満足。おいしくとっただしの底力をストレートに感じる一品になるはずです。

［材料］
数の子 200g
だし 1と1/2カップ
酒 1/4カップ
しょうゆ 大さじ1
塩 少々
かつおぶし
大きくひとつかみ

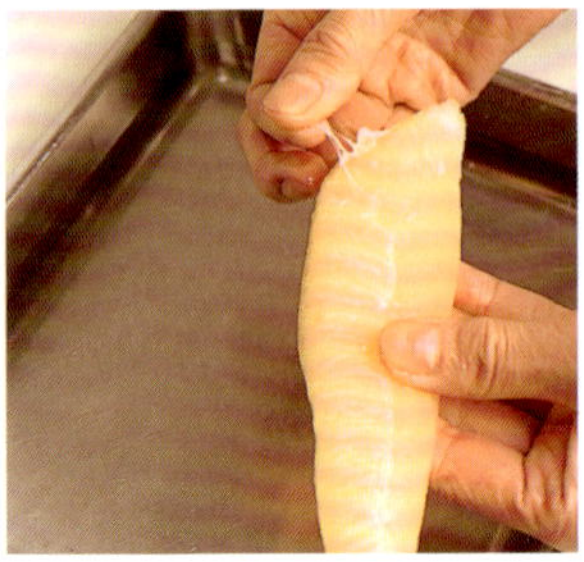

作り方

［数の子の塩抜きをする］

① 数の子を薄い塩水(なめて少し塩辛いくらい)に浸し、途中で2～3度塩水を変えながら1～2日つけて塩抜きをする。どれだけつけるかは味見をしながら加減する。塩味がうっすらと残っているぐらいになるまでが目安。

② 数の子の表面の薄皮を指先できれいにとり除いて洗い、食べやすい大きさに手で割る。割って出てくる奥の薄皮もとり除く。

③ ボウルに、だし、酒、しょうゆ、塩を合わせてひとまぜしておく。数の子に塩が残っているので、ここのしょうゆと塩はほんのちょっとで。

［追いがつおで味をふくめる］

④ ガーゼの上にかつおぶしをのせ、風呂敷のように、ふんわりと包む。

⑤ 密閉容器に数の子を並べ入れ、③のだし汁を上からひたひたに注いで④をのせ、少なくとも1日以上つけて味をふくめる。

● 和食の基本

活きた魚介をさっと煮る

⑭海老のうま煮

海老は、その長い髭や形状から、腰が曲がるまで元気でと長寿を願う意味があります。おせちには欠かせない素材で、家ごとにいろいろな調理法があるようですが、うちでは活きたものをさっと煮るだけ。それこそ、25品中でもっとも簡単な料理ともいえるでしょう。でもそれも、活きた海老の新鮮さがあってこそ。料理をする日を決めたら、早いうちから魚屋さんに注文をしておきましょう。

［材料］　8尾分

車海老またはさい巻き海老（活きたもの）　8尾

だし　1と½カップ

酒　大さじ3

みりん　大さじ2

しょうゆ　小さじ1〜2

塩　小さじ⅔

作り方

① 鍋に、だし、酒、みりん、しょうゆ、塩を入れて火にかける。

② 煮立ったら海老を入れてすぐふたをし、色が変わってから4〜5分煮て、すぐ火を止める。

③ そのまま冷まし、味をじんわりとふくめる。こうするとパサつかず、しっとりしたままでいただける。

牛肉の塊をとろけるまで煮る

⑮牛肉のしょうゆ煮

おせちがつづくと、なぜか、こってりとした味のボリュームがある料理が食べたくなるもの。そんなときのために作っておくと重宝します。時間はいるけど手間いらず。ガスの火があいたときに鍋をのせ、ことことと、ひたすら煮込んでおくだけです。

育ちざかりの子供や男性はとろけるお肉の塊に歓声をあげ、くたくたになるまで煮た昆布や長ねぎで、白いごはんがいくらでもすすみます。お肉だけでも使い途はたくさんで、切り分けて牛丼にしたり卵と一緒にラーメンにのせたり、細かく刻んで粒山椒とごはんにまぜたりしてもごちそうです。

［材料］
牛肉（ブリスケまたはすね肉）塊　800g
長ねぎ　2本
しょうが　大2片
にんにく　2片
昆布　長さ10cmのもの2枚
干ししいたけ　7〜8枚
ゆで卵　4〜5個
酒　1/2カップ
みりん　1/4カップ
しょうゆ　2/3〜1カップ

作り方

［牛肉の塊を風味をつけて煮る］

① 長ねぎをぶつ切りにし、しょうがとにんにくをつぶす。

② 鍋に塊のままの牛肉と①を入れ、酒と水をひたひたに注いで強火にかけ、煮立ったらあくをすくって火を弱め、ことことと煮る。

③ 1時間半ほどして牛肉がやわらかくなったら昆布としいたけを加え、あくをていねいにすくいながらさらに30分ほど煮る。

［調味する］

④ 牛肉が十分にやわらかくなったところで、みりんとしょうゆを加え、さらに1時間ほどことことと煮る。水が減ったら、適宜足すこと。

⑤ かためのゆで卵を加え、少し煮て火を止める。ゆで卵を煮る時間は好みで、やわらかめが好きな方は長めに。

煮汁にひたしたまま冷ます。

⑥ 盛りつけるときに、牛肉とゆで卵を食べやすく切る。

● 和食の基本

ごまをすって素材にあえる

⑯ たたきごぼう

25品中もっともつまみぐい頻度が高いのがこれ。ごぼうの歯ごたえを残してゆで、ゆであがったものから順にたたいて、熱いうちにごま酢でからめるのがポイントです。包丁でお行儀よく切るのではなく、たたきくずすために味がなじみやすくなるのですが、次第に味が薄くなるものなので、日をおくときは、濃いめのごま酢に仕上げたほうがいいでしょう。

ごぼうは地中深く根を張ることから、長寿や家の基礎固めを願って祝い肴に加えられたそうですが、このごま酢あえはふだんから食べたいおいしさ。

にんじんやれんこんにも応用できますが、にんじんの場合は砂糖なしで作ったほうがおいしくなります。ごまはつねにたっぷりで。

［材料］
ごぼう　2本
酢　適宜
ごま酢
- 白いりごま　大さじ6
- 砂糖（あれば和三盆）　大さじ1〜2
- しょうゆ　大さじ2〜3
- 酢　大さじ2

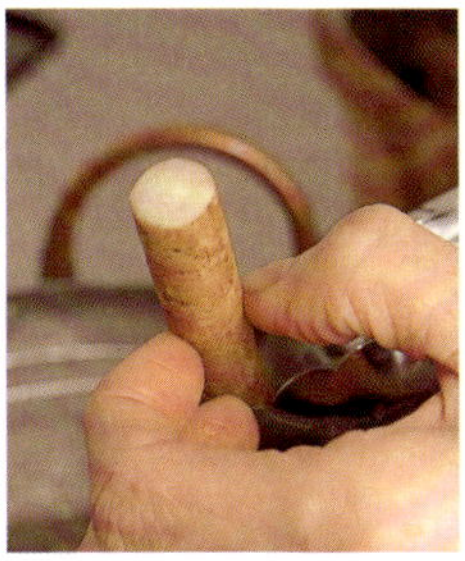

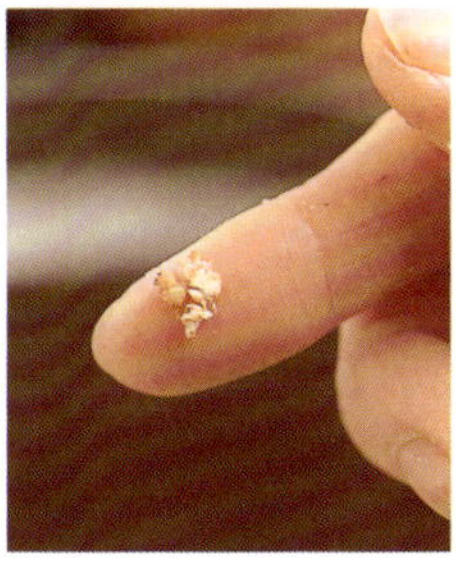

作り方

［ごま酢を作る］

① いりごまを厚手の鍋に入れて弱火にかけ、手を止めずにへらでまぜながら、香ばしく炒る。2本の指先でつまみ、軽くひねってつぶれるぐらいまでが目安。

② ごまが温かいうちに半ずりにし（ハンディミキサーを使ってもいい）、砂糖、しょうゆ、酢を味を見ながら加えてよくまぜ、ごま酢を作る。

［ごぼうをゆでて、たたく］

③ ごぼうは皮をこそげて、長さ10cmに切って酢水にさらし、あくを抜く。

④ 沸騰したお湯に少々の酢を入れ、ごぼうを太いものから順に入れて好みの固さにゆでる。コリッとした歯ごたえを残したい場合は、手でつまんでみて、ちょっと弾力があるくらいが目安。

⑤ 火通りが早い細いものから順に取り出し、熱いうちにすりこぎでたたいてごま酢に入れていく。この作業をくりかえす。

［ごま酢であえる］

⑥ ごぼうをすべて入れ終えたら、ごま酢とよくからめて味をなじませる。

冷めてもおいしい甘辛味をおぼえる

⑰八幡巻き

切ったときにきれいなモザイクになるように、ごぼうとにんじんを角合わせして巻くのが、うちの特徴です。以前は3本ずつ6本を合わせていたのですが、これがとても大変で、いまでは4本に落ち着いています。美しく仕上げるために切れ端がいっぱい出てしまう料理なのですが、残った根菜は塩でもんでつけものにすればいいし、最後に切り落とす両端は、その場でぽいと誰かの口に入るのがお決まりです。牛肉が厚いと巻きにくいし食べにくいので、すき焼き用ぐらいの薄いものをえらんで。

［材料］　7〜8本分
ごぼう　1本
にんじん　1本
牛もも薄切り肉（すき焼き用）　300g〜400g
酢　適宜
下煮用（A）
- だし　2カップ
- しょうゆ　大さじ2
- みりん　大さじ2
- 酒　大さじ2
- 塩　小さじ1/3

酒　大さじ3
みりん　大さじ3〜4
しょうゆ　大さじ3〜4
サラダ油　大さじ1

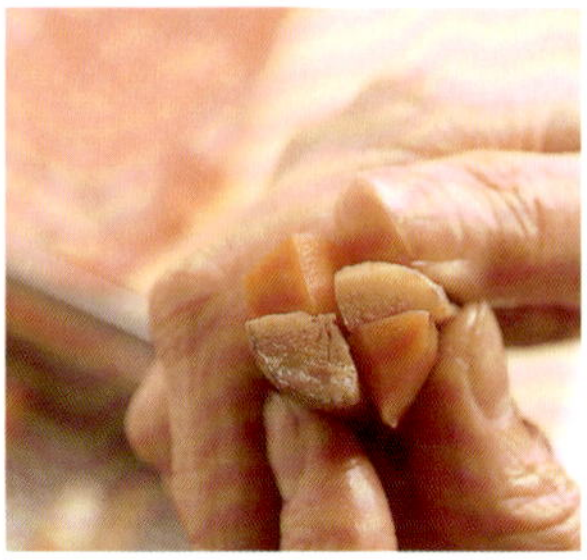

作り方

［ごぼうとにんじんを切る］

① ごぼうは皮をこそげて長さ10cmに切り、縦に四等分にして酢水につける。にんじんも皮をむいて長さ10cmに切り、ごぼうと同じ大きさに切る。

［下煮する］

② Aを鍋に合わせ、煮立ったらごぼう、にんじんの順に入れ、下煮して冷ます。先にごぼうから煮るのは火通りを考えてのこと、両方のやわらかさが同じになるように調整します。少し歯ごたえが残るくらいがおいしい。

［牛肉で巻いて炒め煮にする］

③ まな板に牛肉を1枚ずつ広げ、ごぼうとにんじんを2本ずつ、角を合わせるようにまとめてから斜めにのせて巻いていく。

④ 広口の鍋かフライパンをよく温めてから油をしき③を並べて、菜ばしでころがしながら全体に焼き色をつける。

⑤ 牛肉から出た脂をキッチンペーパーでふいてから、酒とみりんを入れて強火にしてアルコール分をとばし、しょうゆを加えて、煮汁が少なくなってとろっとするまで煮詰める。煮汁ごと保存するので、からからになるまで煮詰めてしまわないよう気をつけて。

⑥ バットなどに汁ごとあけて冷ます。

⑦ いただくときに両端を切り落とし、一口大に切り分ける。

● 和食の基本

大根のかつらむきをおぼえる

⑱サーモンの大根巻き

サーモンの艶やかな紅と大根の清潔な白で、これも、寿ぎの気分を高める一品となります。以前は甘塩紅鮭を甘酢づけにして作っていましたが、よりシンプルに、サーモンを大根で巻くだけでシャキッと仕上げます。魚の身の厚さがおいしさになりますので、スライスしたものでは力不足。サーモンは半身で求めます。

大根はかつらむきにします。均一に美しく切るためには包丁が決め手で、王様はやっぱり、昔はどこの家にもあった菜切り包丁です。

［材料］ 5個分
サーモン半身
大根 5cm
塩 少々

作り方

［大根をかつらむきにする］

① 大根は4～5cm厚の輪切りにして皮をむく。大根を回しながら薄く長くむいて、かつらむきにし、薄い塩水につけてしんなりさせる。通常のかつらむきよりは少し厚め（1mmほど）のほうが、歯ごたえが出ておいしい。

［サーモンを大根で巻く］

② サーモンを中央で二等分にして身を皮からはずし、指で側面を触って骨を探し、骨抜きで抜く。それぞれの身を1cm幅にスライスして、さらに骨を抜き、それを2等分して棒状にする。

③ しんなりした大根を長さ12cmほどに切り、ふきんで水分をよくとる。

④ 大根を1枚ずつまな板に広げ、手前に鮭をのせて、ロール状に巻いていく。

⑤ いただく前に二等分にする。

揚げものをカリッと作る

⑲ お多福豆の抹茶揚げ

お多福豆は、一寸豆と呼ばれる大型種の乾燥そら豆を黒く甘く仕上げた煮豆。築地の市場に出かけたときに「長府屋」さんの市販のものを見つけ、名前がおめでたくていいかしらと、おせちの一員に仲間入りさせました。

そのままですと私には少し甘すぎるのですが、抹茶の衣で揚げてみたら、ほろ苦い揚げまんじゅうのようになって、これが絶品。今年は止めておこうかしらと思っても、ないと家族に「あれは?」と聞かれるのがつねなので、結局は毎年いそいそと揚げている次第。ほとんど暖色系のおせちのなかで、衣のダークグリーンがいいアクセントになります。

〔材料〕8個分
お多福豆(市販のもの) 8個
小麦粉 大さじ4
抹茶 小さじ2
揚げ油 適宜

作り方

① ボウルに小麦粉と抹茶を合わせ、氷水大さじ2ぐらいを少しずつ様子を見ながらまぜ入れて、衣を作る。ねっとりとして、つのがやわらかく立つぐらいが目安。

② お多福豆を衣にくぐらせ、中温の油でカリッとするまで揚げる。

③ 油を切り、粗熱をとる。

蒸す仕事、巻く仕事をおぼえる

⑳ 岩石卵

以前、友人の家でいただいたお料理で、色の美しさに感心して作り方を習い、いつしか、わが家のおせちの一員になっていました。黄身の黄色に、刻んだ白身がごつごつと入っているようすが名前の由来なので、その「ごつごつ」感を出すための、白身の刻みかた、それを際立たせる黄身のなめらかさの、両方がポイントになってきます。断面の美しさが真髄ですから、難しいといえば25品中でこれがいちばん難しい料理かもしれません。なんといっても包丁を入れるまで、その成否がわからないのですから。

［材料］　1本分

卵　5個

砂糖　大さじ5〜6

塩　少々

作り方

① ［ゆで卵を作る］

卵をかためにゆで、熱いうちにさっと水にさらして、すばやく殻をむく。黄身の熱をとりすぎると砂糖が溶けないので、水にさらしすぎないように気をつけること。

② ［白身と黄身に分ける］

白身と黄身を別々のボウルに分ける。黄身をある程度ほぐしてから砂糖と塩を加え、へらで押すようにしながら、ねっとりとして色が濃くなるまでまぜる。ここまでを、とにかく黄身が熱いうちにやってしまうことが大切。

③ ［白身を刻んで、黄身にまぜる］

白身は厚みがある部分だけを使い、1〜1.5cm角に刻む。薄い白身は断面にしたときにきれいではないので使わない。量が足りなくなるのが心配なら、少し多めに卵をゆでておいてもいい。

④ 白身を黄身のボウルにまぜ入れ、色のバランスを見ながら、白身の量を調整する。

［形作って蒸す］

⑤ 広げた巻きすの上にかたく絞ったガーゼを広げ、④を手でまとめて棒状にのせ、なかの空気を抜くように形を整えながらきっちりと巻いていく。直径2.5～3cmが目安。

⑥ 巻き終わったら、巻きすの右端と岩石卵の右端を合わせてからそちら側を下にして立て、上から指でぎゅうぎゅう押すようにする。逆側も同様にして、岩石卵のなかのすきまをなくす。すきまがあると、あまり美しく見えません。

⑦ 巻きすごと蒸し器に入れ、7～8分蒸してから、形がくずれないように巻きすごと冷ます。

⑧ いただくときに食べやすく切り分ける。

● 和食の基本

薄焼き卵と蒸す仕事をおぼえる

21 如意巻き

蒸して作る中国ハムのようなものですが、ふたつの渦巻きが出会う形の新奇さや、かにと豚のうまみがまざった肉あんがおいしくて、昔からお祝いごとのたびに作ってきた料理。

もともと中国料理のひとつですが、如意とは仏教僧が説法のときに持つわらび形の道具で、「意の如く」思いをかなえるという意味があるようです。つまりは魔法の杖のようなものでしょうか。孫悟空も如意棒なるものをもっていました。

包む肉あんは、ねばりを出すことが大切なので、それこそ手がくたびれるまで、一方方向によく練りまぜてください。ねばりが出るまでまぜると歯ごたえがよくなります。

[材料]　2本分

卵　2個
塩、酒　各少々
サラダ油　適宜
豚ひき肉　200g
かに缶　1缶
長ねぎ　みじん切り大さじ2
しょうが　1片
片栗粉　大さじ2
酒　小さじ1～2
塩　小さじ1/2

作り方

[薄焼き卵を作る]

① 卵を割りほぐして塩と酒をまぜ入れ、一度漉しておく。薄焼き卵の1枚目はきれいに焼けないことが多いので、それを見込んで3枚焼きます。

② 卵焼き器にたっぷりの油を入れ、火にかけてなじませてからボウルに注ぎ移す。この作業をもう一度くりかえしてから、さらにキッチンペーパーで油をふき取る。よぶんな油が残っていると、薄くきれいに焼けません。

③ 卵焼き器を火にかけ、漉した卵の3分の1の量を流し込んで焼き、表面が乾いてきたら菜箸を底にすっと差し込み、ころがすようにしながら底をはがして、上手に裏返す。さっと火を通したらすでにできあがりなので、裏返したざるにのせ、空気がこもらないようにしておく。残りの2枚も同様に焼いて、粗熱をとる。

[肉あんを作る]

④ 長ねぎとしょうがをみじん切りにする。豚ひき肉、かに肉、片栗粉、酒、塩をボウルに入れて長ねぎとしょうがを加え、ねばりが出るまで手でよくまぜる。

[薄焼き卵で肉あんを巻く]

⑤ まな板に薄焼き卵を1枚広げ、片栗粉(分量外)をふってまんべんなく指先でのばし、④の肉あんの半分量をのせて、スパチュラなどで均一の厚さにのばす。巻きはじめになる両端は、巻きやすいように若干薄めにしたほうがいい。

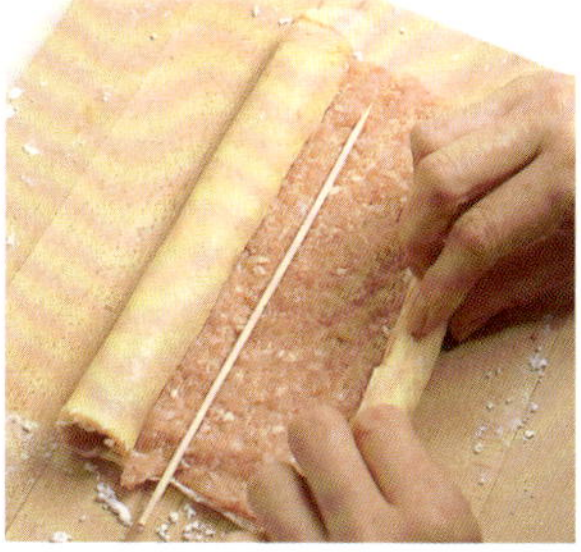

⑥ 真ん中に目印の竹串を置き、そこに向かってふたつの渦巻きを作るように、両端からきっちりと巻いていく。竹串の手前は少し間隔をあけておき、そこにのりの役目をする肉あんを少量詰める。

⑦ かたく絞ったさらしの手前部分に、串を抜いた⑥を裏にしてそっとのせ、しっかりと形を整えるように巻いて、さらしの両端をキャンディーの包みのようにきゅっと絞る。

［蒸す］

⑧ 20分ほど蒸す。

⑨ 蒸しあがったら熱いうちにさらしをはずし、よく冷ます。

⑩ いただくときに食べやすい厚さに切り分ける。

● 和食の基本

塩と酢でのしめ方をおぼえる

㉒しめさば

おせちの定番とはいえませんが、少しでも添えると流れにリズムが出るというか、そんな役目を果たしてくれる一品です。作りかた自体は単純極まりませんが、塩でしめる時間も酢でしめる時間もお好み次第。何年かつづけてこしらえて、あなたの「時間」を探り当ててください。そのままが飽きたら、あぶって食べてもおいしいものです。

［材料］
さば（三枚におろしたもの）
塩　適宜
酢　適宜

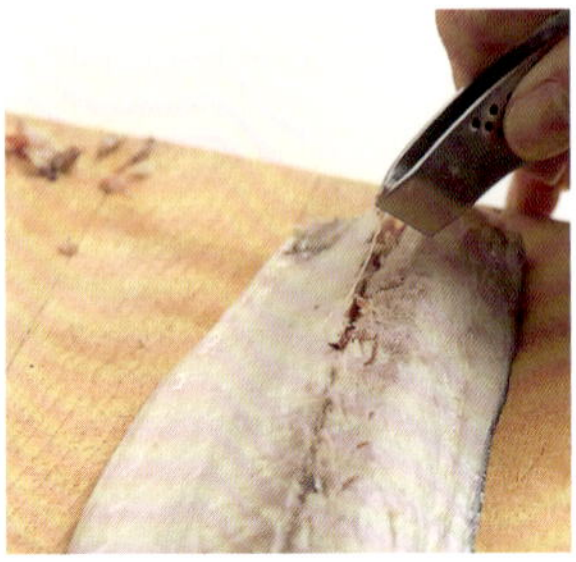

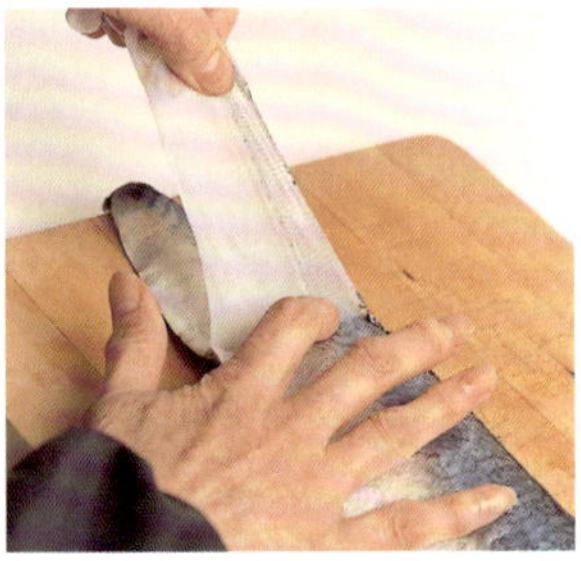

作り方

［さばに塩をふる］

① さばをざるなどにのせ、身が見えなくなるぐらいの塩を両面にふっておく。おいておく時間は好みで、40～60分。

［酢をかける］

② 水でざっと塩を落としてからバットに並べ、酢をひたひたに注いで、途中で一度上下を返して少なくとも20分以上おく。酢でしめる時間も好みで、しっかりしめたいときは1時間ほどしめてもいい。

③ 血合い部分にある中骨を、身に沿って骨抜きで抜く。

④ 切る前に、頭のあったほうから尾に向かっててていねいに薄皮をむく。

⑤ 中央に包丁で切れ目を入れながら、食べやすくそぎ切りにする。包丁は根元の方から入れ、先端まで使って引くようにして切ると、きれいに切れる。

● 和食の基本

昆布でのしめ方をおぼえる

23 ひらめの昆布じめ

簡単きわまりないのに特別な日の趣を漂わせる、酒のアテにぐあいのいい一品です。茎の赤いそばの芽はそれだけで華やぎがあるので、ひらめに添えるのにうってつけ。作って冷蔵庫に入れておけば、突然のお酒飲みの訪問にもあわてずにすみます。明日あさってがおいしいので、大みそかの夜にさっとこしらえて、三が日のうちに食べきってください。

［材料］　3種類各1枚分

昆布　長さ15cmのもの3枚

ひらめの切り身（お刺身用）　4枚

そばの芽　1パック

かいわれ大根　1パック

塩　少々

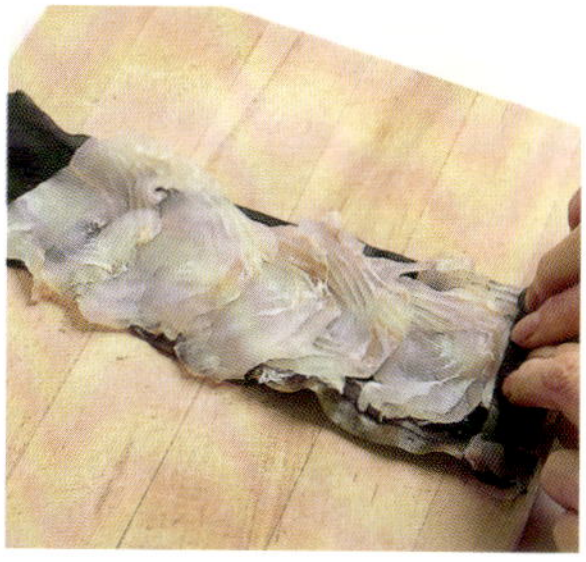

作り方

［下準備］

① 昆布をさっと水にくぐらせ、ビニール袋に入れてしんなりするまで戻す。（P94）

② ひらめに塩をして20分ほどおく。

［昆布で巻く］

③ 昆布を広げ、そばの芽をのせて軽く塩をふり、くるくると巻いてからラップでぎゅっと包む。かいわれ大根は根を切り落とし、同様にする。

④ ひらめを少し厚めのそぎ切りにし、昆布で同様に巻いてラップに包む。

⑤ ③と④を冷蔵庫に入れ、少なくとも1日はおいて、しめる。

● 和食の基本

揚げてから味をからめる

24 竜眼巻き

中華料理の前菜のひとつですが、おめでたいときの料理ときいて、わが家のおせちに加えました。いっぺんに作ろうと卵3個を並べて巻いたときもあったけれど、きれいにできずに失敗つづき。揚げたあとに、さて切り目はどこかしらと途方にくれたこともありました。そんな紆余曲折を経て、いまのところのベストのレシピがこれです。

うずら卵とのりのうずまきがかわいらしく、ちいさな子供もよく箸をのばしています。お弁当にもいいし、ふだんのおかずに揚げたてを出してもおいしい。

［材料］　6本分

鶏ささ身　6本

うずら卵　12個

焼きのり　2枚

小麦粉　少々

揚げ油　適宜

しょうゆ　適宜

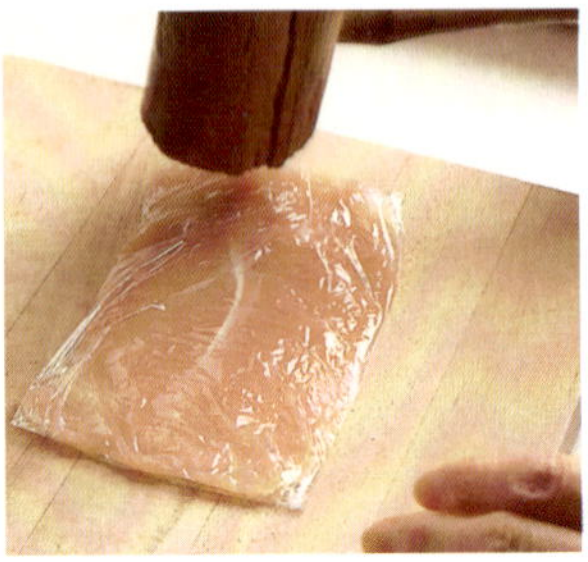

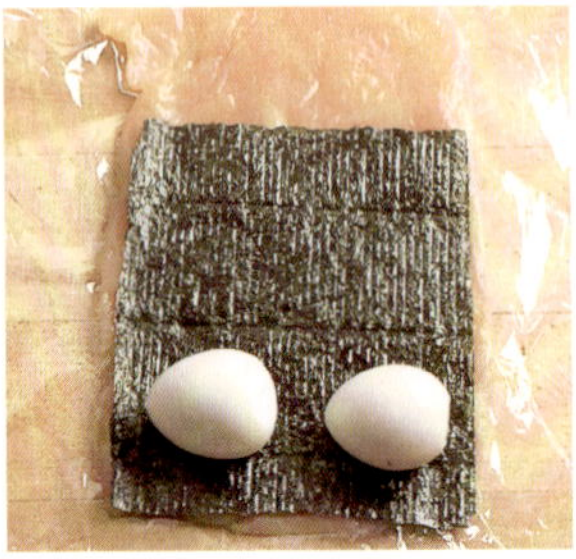

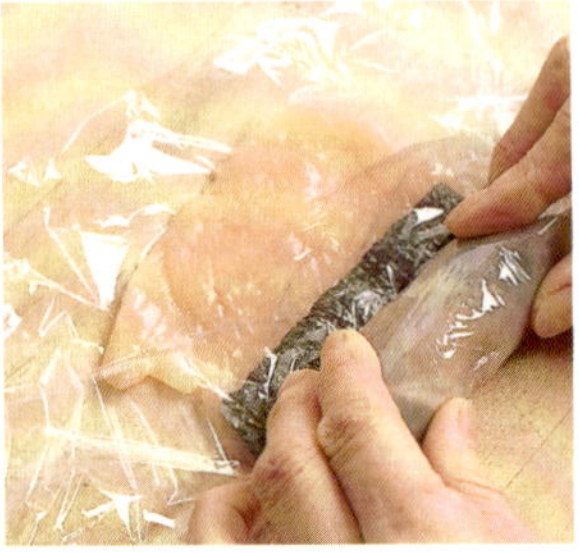

作り方

［鶏ささ身を薄くのばす］

① うずら卵をゆでて殻をむく。のりは四つ切りにする。

② 筋を取った鶏ささ身を1本ずつラップに包み、肉たたきやすりこぎなどで軽くたたき、薄くのばす。

［のりとうずら卵を巻く］

③ ラップを広げ、ささ身に焼きのりをのせ、手前にうずら卵2個を間隔をあけて横に並べる。

④ うずら卵を芯にして、ラップを上手に動かしながらきっちり巻き、巻き終わったらラップに包んで形を調え、両端をすぼめるように閉じる。切るときの目印に、うずら卵の間にぎゅっと窪みをつけてピーナッツのからのような形にしておく。

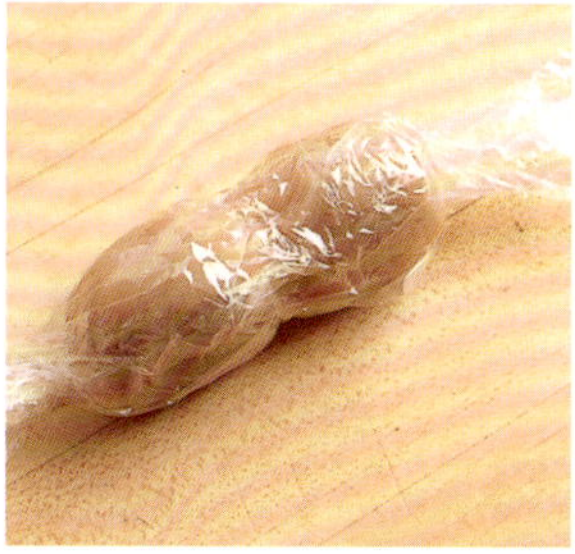

［揚げる］

⑤　ひとつずつラップをはずし、たっぷり小麦粉をふってから余分な粉をはらい、さらに手できゅっと握って形を整える。

⑥　揚げ油を170度に熱し、こんがりカリッとするまで揚げる。

［しょうゆにからめる］

⑦　バットにしょうゆを入れておいて、そこに揚げたてを入れ、バットを傾けてころがしながら味をからめる。

⑧　いただくときに両端を切り落とし、うずら卵の黄身の中心を切り、全部で4つに切る。

きんぴらの手法を応用する

㉕ れんこんの炒め煮

酢をきかせたさっぱり味と、シャキシャキとした食感が、やわらかなものが多いおせちの合間のいい箸休めになります。穴のたくさん開いたれんこんは、1年の見通しがいいという縁起をかついでお正月にいただくようですが、私は輪切りにはせず、縦に棒状に切る（つまり穴は見えなくなります）ことが多いのです。そのほうが繊維をこわさずに、歯ごたえよくいただけます。

ひとつ、気をつけたいのが色味。おしょうゆの色が濃すぎると品良く感じられませんので、入れすぎには注意を。隠し味で酢をきかせるので、少量でも物足りなさはありません。

［材料］　2カップ分
れんこん　中1節
赤唐辛子　1本
酢　大さじ1と1/2
みりん　大さじ2
酒　大さじ1
しょうゆ　大さじ2～2と1/2
ごま油　大さじ2

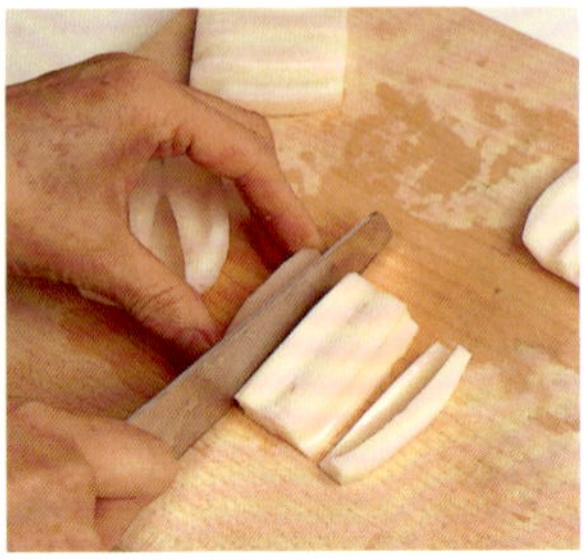

作り方

［れんこんを炒める］

① れんこんは皮をむいて長さ5cmほどに切ってから、縦に1cmほどの厚さに切り、繊維に沿って棒状に切って、酢水（酢は分量外）に5～6分つける。赤唐辛子の種を取り、千切りにする。

② 鍋を温めてごま油を入れ、水けを切ったれんこんを透き通るまで炒める。

［調味して炒め煮にする］

③ 酢とみりんと酒を入れて炒め煮にし、味をふくませて煮汁が半分ぐらいになったところで、しょうゆと赤唐辛子を加え、さらに煮る。

④ 汁がとろりとしてきたら火を止め、バットなどにあけて冷ます。

お雑煮

わが家のお雑煮は、おだしの風味であっさりいただく関東風。つまみぐいしたくなるほど美味な地鶏を焼き網でこんがりと焼き、おおぶりのそぎ切りにしてお椀に入れます。ただでさえ野菜不足になりがちなお正月なので、小松菜は彩りにのせるだけでなくお椀の底にも敷き詰めて。これでお餅も器につかないので、一石二鳥です。お雑煮は、誰もがおかわりをするので、人数分の倍は用意します。

［材料］　4椀分
鶏むね肉　1枚
かまぼこ　1/4本
小松菜　1/2把
大根　4〜5cm
京にんじん　1/6本
三つ葉　少々
ゆずの皮　適宜
餅　適宜
だし　5カップ
しょうゆ　適宜
塩　適宜

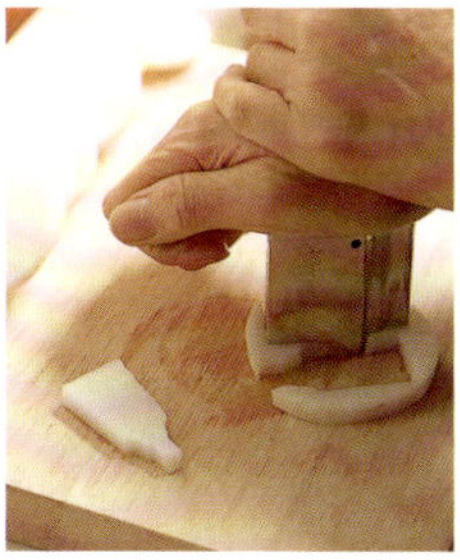

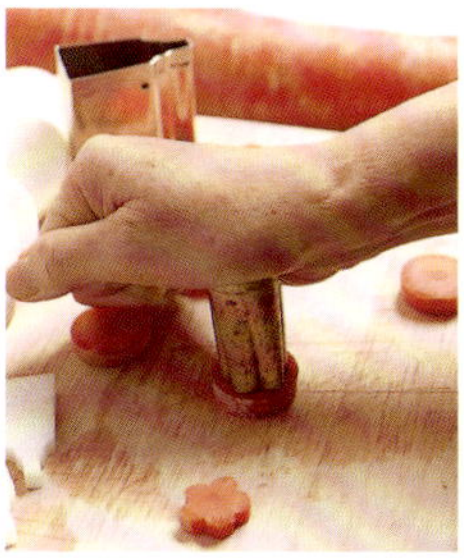

作り方

① 鶏むね肉に塩をして20分ほどおいてから、ロースターまたは焼き網でこんがりと焼き、食べやすくそぎ切りにする。

② かまぼこは、包丁を左右に小刻みに動かして表面に波模様をつけながら厚さ5mmほどに切る。

③ 小松菜は根元を少し切ってから十字に包丁を入れて泥を流水でよく洗い、しゃっきりとゆで、ざるにとって水けを絞ってから食べやすく切る。

④ 大根は皮をむいて厚さ5mmほどに輪切りにし、はご板の型で抜く。京人参も同様に輪切りにして梅型に抜き、大根と一緒にかための塩ゆでにする。

⑤ ゆずの皮を大きめに切る。三つ葉を結ぶ。

⑥ 餅を焼く。（私は火鉢の炭火で焼きます）

⑦ 鍋でだしを温め、しょうゆを香りづけ程度にたらして、塩で味を調える。

⑧ お椀の底に餅がつかないように小松菜を敷き、餅、かまぼこ、鶏、ゆず、にんじん、大根の順に盛りつけて、上から⑦のだし汁を注ぎ、三つ葉を飾る。

おせちからのおいしいもの

おせちには無駄がありません。栗きんとんや黒豆は極上のデザートのもとになりますし、だしがらや余った野菜の切れ端は、りっぱなおかずに変身します。

それは、かけた手間や時間へのごほうびのようなもの。がんばってこしらえてよかった、必ずそう思える、おせちの副産物をご紹介しましょう。

● ゆずはちみつから

ゆずのマーマレード

はちみつ漬けにしたゆずは日がたつにつれて水っぽくなってくるので、そうなったら砂糖を足し、弱火でことことと煮詰めてマーマレードにします。皮の苦味がおいしさで、朝食のトーストにバターと一緒にのせてどうぞ。

ゆずはちみつから

ゆずはちみつ湯

ゆずはちみつに熱いお湯を注ぐだけ。甘味が足りなければ、はちみつを足して。からだの芯まで温まるようで、寒い夜や風邪ひきのときに飲むとほっとします。

あんずの甘煮から

あんずの甘煮とチーズ

マスカルポーネチーズとゴルゴンゾーラチーズを等分量で合わせたものに、あんずの甘煮を添えて一緒に食べます。マスカルポーネだけでもいいのですが、甘さが少し過ぎるので、ゴルゴンゾーラの雑味でバランスをとります。甘くて強いデザートワインによく合うイタリアのデザートです。

栗きんとんから

きんとんシャンテリーのサンドイッチ

かために泡立てた生クリームを2対1の割合できんとんに合わせ、ヘラでふんわりまぜる。それだけで栗の粒々が贅沢に入った濃厚で上等なクリームになります。サンドイッチ用のうすい食パンにたっぷり塗って三が日あけの朝食にしたり、一口大に切り分けて、おやつやお茶うけに。抹茶を濃いめに溶いたものをまぜてもおいしい。

きんとんのいちごソース

いちごに好みの量の砂糖を加えてミキサーにかけ、きんとんと泡立てた生クリームを添える。いちごのフレッシュな酸味が、きんとんをまた違うおいしさにします。このデザートのために、きんとんを作りたいと思うほど。

● 黒豆から

黒豆のムース

汁けを切った黒豆をフードプロセッサーにかけ、生クリームと砂糖を足してさらに撹拌して、ふんわりなめらかなムースにします。泡立てた生クリームにぽんとのせれば、それだけで極上のデザート。ごちそうの後には、こういうやわらかな甘いものを少しだけいただくのがうれしい。

黒豆タピオカ

背の高いグラスに、市販のタピオカをゆでたもの、黒豆と煮汁、缶詰めのココナッツミルク、その3種類を順に重ねて入れていきます。食べるときは、長めのスプーンで底からすくうようにして。ぐちゃっとまぜてしまってもいいのです。黒豆の煮汁とココナッツミルクのまじり合った味がなんともエキゾチックでおいしいので。

もっと楽にこしらえられるもので、マンゴーや柿のような濃い黄色のやわらかい果物をお豆と同じ大きさに刻み、ラム酒やグランマニエであえたマチェドニア風デザートもおすすめです。

海老のうま煮から

海老の鬼殻焼き

さっと煮ただけのうま煮は日持ちがしないので、残りが出たら網でさっと焼き、早めに食べてしまいましょう。味が薄いときは、しょうゆやみりんを刷毛で塗りながら焼いて。

しめさばから

船場汁

さばを1尾買ってさばいた場合に余ったアラで作ります。鍋にアラとかぶるほどの水を入れて火にかけ、短冊に切ったたっぷりの大根、塩、お酒を加えて、いいだしが出るまで煮る。いただくときには黒こしょう（あれば粉山椒も）をたっぷりと挽くのがポイント。くせの強いだしに、こしょうの辛みがとてもよく合うのです。

●残った野菜の切れ端から

干し野菜のきんぴら

残った野菜の切れ端は、ざるに広げて、お天気のいい日に外で干すのもおすすめです。味が凝縮して濃くなるうえにカサもへって、保存もしやすくなります。それできんぴらを作れば、生から作るより、ひと味深く仕上がります。

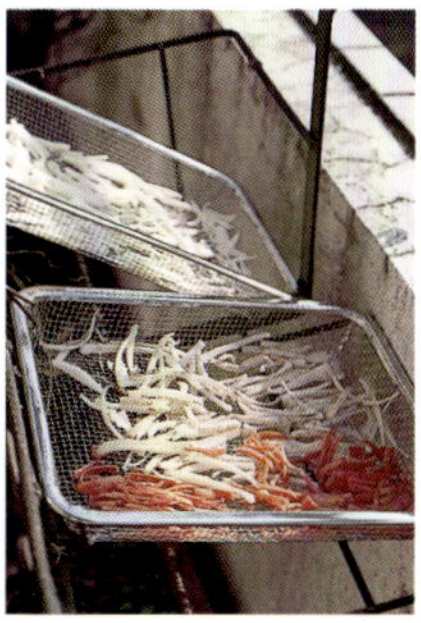

塩もみ野菜のあえもの

「八幡巻き」のにんじんの切れ端や、「お煮しめ」や「お雑煮」の京にんじん、「サーモンの大根巻き」の大根などの残り野菜を、かたちをそろえて切って塩でもみ、水けをよく絞ってから、少量ずつの酢、砂糖、切り昆布、赤唐辛子であえる。シャキシャキとして、おせちのいい箸休めになります。スモークサーモンなどの買いおきがあれば、それで包むようにして食べてもおいしい。

牛肉のしょうゆ煮から

牛肉丼

温かいごはんに牛肉のしょうゆ煮をのせるだけ。こっくりしょうゆ味のお汁も忘れずにかけ、長ねぎがあれば生のまま添えて。単純でボリュームがあって、食べざかりの子供や若い男性陣が拍手喝采。お正月のカレーと同類の人気者になるはずです。

余ったかまぼこで

木の芽ずし

どんなにおいしいかまぼこでも、連日同じ姿で出てきてはさすがに辟易。薄く切ってカリッと揚げれば、淡白な肉のような食感になって、たいていの人がそれをかまぼこと気づかずに平らげてしまいます。木の芽ずしは、酢めしに揚げかまぼこ(小さめが食べやすい)、実山椒のつくだ煮、ゆずの皮としょうがのせん切り、たっぷりの木の芽と三つ葉の刻んだものをまぜ、たたいた木の芽をたっぷりのせて作ります。おかずにするなら、揚げかまぼこをたっぷりの白髪ねぎとしょうゆであえただけでもおいしい。

● だしをとった後の昆布とかつおぶしで

昆布の酢じょうゆ漬け

昆布を細切りにし、長さをそろえて切った長ねぎと合わせて、ごま油、しょうゆ、酢、かんずり（豆板醤でも）であえて味をなじませる。日本酒のアテにぴったり。

昆布の甘辛煮

昆布を細切りにし、酒、しょうゆ、みりんで甘辛く煮つけます。白いごはんがいくらでもすすむ一品。昆布巻きの煮汁が余っていれば、それで煮てもいいでしょう。

おかかのおむすび

だしをとった後のかつおぶしを、汁けを絞らずにそのままボウルに入れ、しょうゆをまわしかけて手でもみほぐしてから、オーブンの天板に広げて、からからに焼きます。これをフードプロセッサーで細かく攪拌すれば、自家製おかかのふりかけのできあがり。お鍋で辛抱づよく空炒りにしても同じです。おむすびにつけてもいいし、野菜のおひたしにかけてもいいし、炒ったごまを混ぜて香ばしいふりかけにしてもいいでしょう。

おせち料理を作って1年を締めくくり、おせち料理を食べて1年が始まります。
来年も良い年でありますように、の思いを込めて。

有元葉子

撮影　中野博安
コーディネート　高橋みどり
文　鈴木るみこ
ブックデザイン　若山嘉代子　L'espace
編集　小倉香

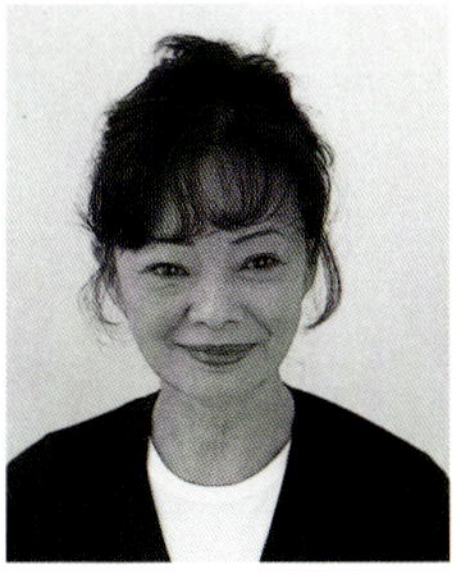

有元葉子　ありもとようこ

編集者、主婦を経て、料理研究家に。
素材の味を十分にいかした、シンプルで力強い料理が人気。
料理以外でも最近では、
台所の基本的な道具「la base」の制作に関わったりなど、
ふだんの暮らしの中の美しさや楽しさを提案。
ホームページhttp://www.arimotoyoko.com/では、
お気に入りの品々、旅行のこと、ちょっとした身の回りのニュースなどを
知ることができる。

「時間をかけない本格ごはん、ひとりぶん」、
「もっとシンプルに本格ごはん、ひとりぶん」、
「家族のごはん作り１＆２」（メディアファクトリー）、
「イタリア　田舎生活の愉しみ」「気持ちのよい暮らし」など著書多数。

有元家のおせち25品

２００３年11月７日初版第１刷発行

著者　有元葉子
発行者　清水能子
発行所　株式会社メディアファクトリー
東京都中央区銀座８・４・17　〒１０４・００６１
電話０５７０・００２・００１
製版　高柳昇
印刷・製本　株式会社東京印書館

ISBN　4-8401-0884-6　C2077